초판 1쇄 • 2020년 6월 16일   초판 3쇄 • 2021년 10월 10일   개정판 인쇄 • 2024년 4월 25일   개정판 발행 • 2024년 5월 2일
지은이 • 한영식   그린이 • 류은형
발행인 • 허진   발행처 • 진선출판사(주)   편집 • 김경미, 최윤선, 최지혜
디자인 • 고은정   총무 / 마케팅 • 유재수, 나미영, 허인화
주소 • 서울시 종로구 삼일대로 457 (경운동 88번지) 수운회관 15층
       전화 (02)720-5990 팩스 (02)739-2129 홈페이지 www.jinsun.co.kr
등록 • 1975년 9월 3일 10-92 ※책값은 뒤표지에 있습니다.
ISBN 979-11-93003-49-7 74080   ISBN 978-89-7221-654-4 (세트)
ⓒ 한영식, 2020 편집 ⓒ 진선출판사, 2020, 2024

지은이 한영식 선생님은

지구에서 가장 다양한 곤충의 세상에 매료되어 곤충을 탐사하고 연구하는 곤충연구가로 현재 곤충생태교육연구소 〈한숲〉 대표로 활동하고 있습니다. 숲해설가 및 생태 안내자 양성 과정, 자연학교 등에서 이론 교육과 현장 교육을 진행하고 있습니다.
지은 책으로는 《봄여름가을겨울 곤충도감》, 《봄여름가을겨울 숲속생물도감》, 《봄여름가을겨울 숲 유치원》, 《신기한 곤충 이야기》, 《엉뚱한 공선생과 자연탐사빈》, 《어린이 동식물 이름 비교 도감》, 《어린이 곤충 비교 도감》, 《쉬운 곤충책》, 《곤충 쉽게 찾기》, 《곤충 학습 도감》, 《곤충 검색 도감》, 《생태 환경 이야기》, 《윌슨이 들려주는 생물 다양성 이야기》 등이 있습니다.
곤충생태교육연구소 〈한숲〉: cafe.daum.net/edu-insect

진선아이 는 진선출판사의 어린이책 브랜드입니다. 마음과 생각을 키워 주는 책으로 어린이들의 건강한 성장을 돕겠습니다.

봄·여름·가을·겨울
바닷가 생물 도감

한영식 지음

차례

봄

집게다리를 가진 게와 다양한 갑각류 • 10
갯벌에 굴을 파서 숨바꼭질하는 조개 • 12
갯벌에 사는 다양한 모양과 색깔의 조개 • 14
갯바위에서 만난 뱅글뱅글 꽈배기 고둥 • 16
조간대의 빙글빙글 고둥과 느림보 군부 • 18
갯벌의 해양 생물과 돌에 붙어 사는 해조류 • 20
간척지와 바닷가를 발발 기어가는 곤충 • 22
바닷가 생물을 먹고 사는 바닷새 • 24
갯벌과 모래 해변에 자라는 염생 식물 • 26
남부 지방 바닷가에 자라는 염생 식물 • 28
모래 해변에서 발견한 조개껍질 • 30
바닷가에서 발견한 다양한 해양 생물 껍데기 • 32
간척지를 훨훨 나는 나비와 쌩쌩 잠자리 • 34
간척지 풀밭에 사는 다채로운 곤충 • 36

여름

모래 갯벌과 자갈 갯벌에서 옆으로 기어 다니는 게 • 40
질퍽한 펄 갯벌의 굴파기 선수 게 • 42
갯벌과 조간대 갯바위에 사는 다양한 갑각류 • 44
펄 갯벌을 파고드는 각양각색의 조개 • 46
모래 갯벌에 파묻혀 사는 조개 • 48
갯바위에 붙어 사는 굴과 갯벌에 사는 조개 • 50
갯벌에 사는 동글동글 고둥과 우렁이 • 52
조간대 바위와 자갈에 붙어 사는 고둥과 배무래기 • 54
모래 갯벌을 기어 다니는 우렁이와 고둥 • 56
빙글빙글 고둥과 머리에 발 달린 두족류 • 58
바닷가 곳곳에 사는 다양한 해양 무척추동물 • 60
모래 해변을 날아다니는 바닷가 곤충 • 62
간척지 습지의 비행사 잠자리와 거미줄 치는 거미 • 64
간척지 풀밭에 사는 딱정벌레와 노린재 • 66
바닷가 여름밤의 야행성 곤충 • 68
바닷가에 사는 바닷새와 산새 • 70
갯벌에 무리 지어 자라는 염생 식물 • 72
모래 갯벌과 간척지에 자라는 염생 식물 • 74
바닷가 마을에 자라는 식물 • 76

가을·겨울

튼튼한 집게다리를 자랑하는 게 • 80
갯벌에 사는 딱딱한 껍데기의 갑각류 • 82
껍데기 두 장과 도끼 모양의 발을 가진 조개 • 84
조간대의 바위와 갯벌에 사는 고둥 • 86
갯벌의 무척추동물과 폴짝 뛰는 망둑어 • 88
간척지 풀밭에 사는 가을 곤충 • 90
바닷가에 핀 꽃에 날아오는 곤충 • 92
모래 해변에 사는 곤충과 염생 식물 • 94
바닷가의 염생 식물과 바닷가 마을의 식물 • 96
모래 해변에서 찾은 조개껍질 • 98
모래 해변에서 발견한 연체동물 껍데기 • 100
바닷가에 사는 갈매기와 물새 • 102
바닷가를 날아다니는 산새 • 104

부록

바닷가 생물의 종류와 특징 1 · 무척추동물 • 108
바닷가 생물의 종류와 특징 2 · 척추동물과 염생 식물 • 110
갯벌의 생물 분포도 • 112
바닷가 생물의 서식지 • 114
우리나라 바다와 갯벌의 가치 • 116
바닷가의 다채로운 이색 풍경 • 118
수산 시장에서 만난 해양 생물·수산물 직판장과 수산 시장 • 120
바닷가 생물을 위태롭게 만드는 해양 쓰레기 • 122

바닷가 탐사를 떠나요! • 4
탐사 준비물 • 6
찾아보기 • 124
바닷가 생물 관찰 일지 • 127
초등 교과 과정 연계 정보 • 128

여벌 옷, 양말, 수건
갯벌 탐사를 하면 옷이 쉽게 더러워지기 때문에 준비해요.

장화
갯바위나 날카로운 물질에 찔리는 것을 막아 줘요.

샌들, 운동화
모래 갯벌을 탐사할 때 적당해요.

방수 시계
바닷물이 들어가지 않는 시계를 준비해요.

간편한 옷차림
얇은 긴팔 옷, 짧은 반바지를 입어요.

비옷, 우산
비가 내리는 것에 대비해 챙겨요.

장갑(면장갑)
뾰족한 바닷가 생물을 채집하거나 관찰할 때 필요해요.

스노클, 물안경
조수 웅덩이나 얕은 바닷속을 관찰할 때 좋아요.

모자
강한 햇볕에 화상을 입거나 눈이 부시는 걸 막아 줘요. 자외선이 강하기 때문에 자외선 차단제를 바르고 선글라스를 쓰는 것도 좋아요.

배낭
탐사 도구, 의료품, 물, 간식 등을 넣고 다닐 때 사용해요.

지도
탐사할 장소의 지도를 미리 보고 바닷가 탐사 계획을 세워요.

탐사 준비물
- 탐사 및 캠핑 준비물
전체 준비물

나침반
넓은 바닷가에서 방향을 알아볼 때 필요해요.

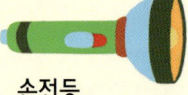
손전등
야행성 바닷가 생물이나 야행성 곤충을 관찰할 때 사용해요. 바닷가가 어두워서 밝기가 뛰어난 것이 좋아요.

카메라 및 비디오카메라
신기한 바닷가 생물을 촬영해요.

도감
발견한 바닷가 생물이 어떤 종류이고 어떤 특징이 있는지 찾아봐요.

관찰 노트
바닷가 생물을 발견한 장소와 시간, 생물의 특징을 기록해요.

갈퀴
갯벌의 조개를 잡을 때 이용해요.

뜰채
바닷가 웅덩이의 생물을 채집하거나 움직이는 물고기를 잡을 때 이용해요.

핀셋, 드라이버
갯바위의 돌이나 자갈 틈에 있는 생물을 살펴볼 때 필요해요.

모종삽
게집이나 구멍을 살펴볼 때 쓰여요.

구급용품
탐사를 하다가 상처가 나거나 아플 때 사용해요. 바닷가에서는 약국이나 병원의 거리가 먼 경우가 많기 때문에 꼼꼼하게 비상약을 준비해야 해요.

채집통(양동이)
채집한 생물을 담을 때 필요해요.

필기도구
관찰한 바닷가 생물의 정보를 노트에 메모해요.

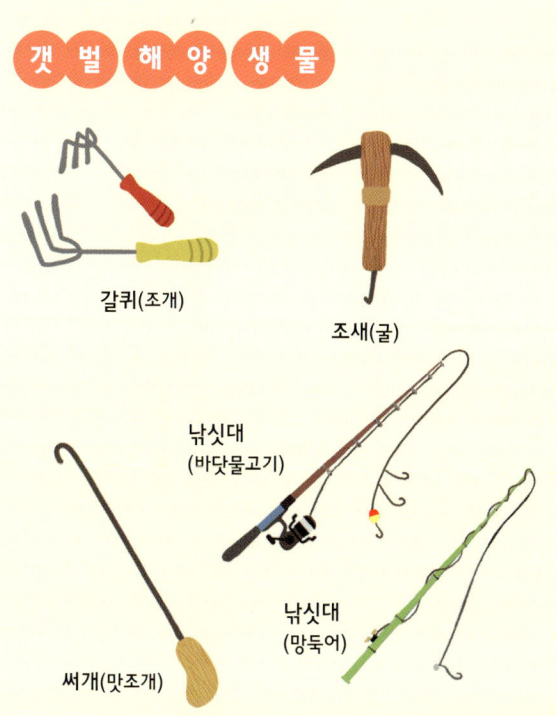

분야별 준비물

봄이 오면

저 멀리 수평선에서 봄바람이 불고
바닷가 생물들이 하나둘 기지개를 켜고
깨어나요. 질퍽한 갯벌 속에서 잔뜩 웅크렸던
게가 옆 걸음질 치며 발발 기어 다녀요.
갯벌 속에서 지내던 조개와 고둥이 산책을
나오고 예쁜 바닷가 꽃이 올망졸망 피어나요.
솔솔 바람 부는 바닷가로 봄 소풍을 나온
바닷가 생물을 만나러 떠나 볼까요?

↑ 바다를 막아 둑을 쌓고 물을 빼서 만든
간척지에는 빨간 고추잠자리가 날아다녀요.

↑ 독특한 색깔의 별불가사리는
바닷가에서 쉽게 찾아볼 수 있어요.

관련 교과 3-2 과학 〈2. 동물의 생활〉 / 5-2 과학 〈2. 생물과 환경〉

집게다리를 가진 게와 다양한 갑각류

썰물이 되어 바닷물이 바다로 흘러 나가면 육지로 바뀐 갯벌이 드러나요.
해수면이 낮아져 물이 빠져나간 조간대는 바닷가 생물의 소중한 보금자리이지요.
따스한 봄 햇살을 맞으며 숨어 있던 게가 고개를 빠끔히 내밀어요.
'투드득~' 무슨 낌새라도 눈치챘는지 부리나케 도망치는 게가 재밌어요.
구멍 속으로 쏙 들어가는 게를 따라가 관찰해 보세요.
바닷가(해변)를 빠르게 기어가는 갯강구와 바위나 자갈에 붙어 사는 따개비도 찾아보세요.

위험을 느끼면 바위틈이나 돌 밑으로 재빨리 숨어요.

풀게
크기 27mm 내외
바위틈, 자갈, 해조류의 뿌리 등에서 흔하게 볼 수 있어요.

긴발가락참집게
크기 5mm 내외
서해안 갯벌에서 발견되며 오른쪽 집게다리가 왼쪽보다 훨씬 커요.

동글동글한 콩 모양이며 등딱지는 사다리꼴이에요.

엽낭게
크기 11~14mm
모래 갯벌에 무리 지어 살며 새들의 중요한 먹이가 돼요.

모래 구슬 '펠릿'은 유기 물질을 깨끗하게 정화시켜요. 해안 사구 형성에 중요하지요.

엽낭게 구슬
모래 속 먹이를 먹고 동글동글한 모래 구슬을 뭉쳐 굴 주변에 쌓아 놓아요.

10 봄

쥐며느리를 닮아 '바다의 쥐며느리', 바위 위를 살랑 기어 다녀서 '바위살렝이'라 불러요.

축축한 모래 해변이나 부패한 해초 주변에 모여 살아요.

갯강구
크기 30~45mm
바닷가와 갯가의 바위나
돌 틈에서 흔히 볼 수 있어요.

도약옆새우
크기 10mm 내외
모래 해변에서 벼룩처럼
톡톡 튀어 다니는 옆새우예요.

색깔과 무늬가 다양해서 '패턴 무늬가 있는 바닷게'라 불러요.

사각게
크기 17.2~24mm
바위와 비슷한 갈색 또는
검은색의 보호색을 가졌어요.

고랑따개비
크기 10~20mm
화산 분화구 모양으로 바위나
항구 암벽에 무리 지어 붙어 있어요.

대수리, 뿔고둥, 맵사리 등의 육식성 고둥이 따개비의 껍데기에 구멍을 뚫어 잡아먹어요.

조무래기따개비
크기 5~12mm
바닷가 바위에서
총알고둥과 함께
발견돼요.

관련 교과 3-2 과학 〈2. 동물의 생활〉 / 5-2 과학 〈2. 생물과 환경〉

갯벌에 굴을 파서 숨바꼭질하는 조개

바닷물이 사르르 빠져나간 자리에 드넓은 갯벌이 드러났어요.
밀물 때 바닷물에 잠겨 있던 조개가 하나둘 보이기 시작해요.
질퍽거리는 펄 갯벌은 겉보기에는 너무나 지저분해 보여요.
그러나 갯벌 속의 부유 물질을 걸러 먹는 수많은 조개에게는 행복한 서식지랍니다.
갯벌 속에 꼭꼭 숨어 숨바꼭질하는 조개를 찾아보세요.
펄 갯벌에도 살고 모래 갯벌에도 사는 조개도 만나 보세요.

시원한 국물 맛을 내는 조개여서 '바지락 칼국수'가 유명해요.

바지락
크기 40mm 내외
갯벌에서 찾아볼 수 있는 대표적인 조개예요.

아기바지락
크기 30mm 내외
바지락과 비슷하지만 껍데기가 얇고 크기가 작아요.

퇴조개
크기 15mm 내외
고운 모래 갯벌이나 진흙과 모래가 있는 바닥에서 흔하게 발견되는 조개예요.

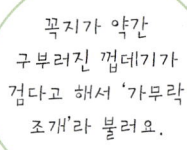

꼭지가 약간 구부러진 껍데기가 검다고 해서 '가무락 조개'라 불러요.

가무락조개
크기 60mm 내외
모래가 섞인 펄 갯벌의 10cm 깊이에서 유기 물질을 걸러 먹어요.

떡조개
크기 70mm 내외
껍데기는 둥글고 납작하며 섬세한 성장선이 있어요.

46~47개의 뚜렷한 세로줄 주름이 있고, 주름 사이에는 털이 끼어 있어요.

새조개
크기 90mm 내외
발의 형태가 '새의 부리'를 닮아서 '새조개'라 불러요.

얕은 바다의 깨끗한 모래 갯벌에 살며 식용으로도 이용해요.

소쿠리조개
크기 40mm 내외
남해안에 분포하며 수심 70m 정도의 고운 모래 갯벌에서 발견돼요.

민들조개
크기 50mm 내외
단단한 껍데기에 연갈색의 방사형 세로줄무늬가 있어요.

서해안에서는 '동조개', 남해안에서는 '불통', 영광에서는 '고막'이라고 불러요.

붉은줄접시조개
크기 30mm 내외
조간대에서부터 수심 10m 정도까지 진흙과 모래가 있는 바닥에서 발견돼요.

동죽
크기 40mm 내외
서해안과 남해안 조간대 부근의 모래 갯벌이나 펄 갯벌에 살아요.

관련 교과 3-2 과학 〈2. 동물의 생활〉 / 5-2 과학 〈2. 생물과 환경〉

갯벌에 사는 다양한 모양과 색깔의 조개

몸이 부드러운 피부로 둘러싸여 있는 연체동물은 생김새와 이름이 매우 다양해요.
살이 붉은 피조개, 키 모양을 닮은 키조개, 유럽에서 들어온 담치,
'바다의 우유'라 불리는 영양분이 풍부한 굴도 있어요.
펄 갯벌과 모래 갯벌에 사는 다양한 모양과 색깔의 연체동물을 찾아보세요.
발견한 연체동물의 이름이 왜 그렇게 붙었는지도 생각해 보세요.

> 껍데기는 크기가 작고 긴 타원형이며 밝은 황갈색이에요.

> 사람의 혈액 속에 있는 '헤모글로빈'이 들어 있어서 붉게 보여요.

피조개
크기 120~200mm
깨끗한 펄 갯벌에 살며
살이 붉게 보여 '피조개'라 불러요.

갈색새알조개
크기 15mm 내외
서해안과 남해안의 진흙이
섞인 고운 모래 갯벌에서
주로 발견돼요.

> 담치나 홍합처럼 바위나 큰 자갈 틈에 붙어 살아요.

복털조개
크기 30mm 내외
껍데기는 타원형이고
둘레는 털로 덮여 있어요.

꼬막
크기 50mm 내외
서해안과 남해안에 널리 분포하며
수심 10m 정도의 진흙 바닥에 살아요.

> 서해안과 남해안에 분포하며 수심 20m 정도의 진흙 바닥에서 살아요.

키조개
크기 250mm 내외
곡식에 섞인 돌과 모래를
걸러 낼 때 사용하는
'키'와 닮았어요.

지중해가 원산지인 외래종 홍합으로 1950년대 이후 선박(배)에 붙어 들어왔어요.

지중해담치
크기 70mm 내외
국물을 우려낼 때 이용하며 '홍합'과 비슷하게 생겼어요.

맛이 좋아서 식용으로도 이용해요.

식용으로 많이 이용하며, 영양이 풍부해서 '바다의 우유'라고 불러요.

굴
크기 30~85mm
한쪽 껍데기는 바위에 붙이고 나머지 한쪽만 열고 닫아요.

흔한가리비
크기 120mm 내외
일본어로 조개를 뜻하는 '가이(ガイ)'와 날다를 뜻하는 '비(飛)'가 합쳐져서 '가리비'예요.

고둥 무리
굴 껍데기 속에는 여러 마리의 고둥이 함께 모여 있어요.

살펴보아요!

구멍 뚫린 조개, 구멍 뚫는 고둥

파도가 철썩이는 바닷가에는 조개껍질이 매우 많아요. 그런데 조개껍질을 살펴보면 매끄러운 구멍이 뚫린 것을 발견할 수 있어요. 누가 구멍을 뚫어 놓은 걸까요? 그건 조개의 천적이 조개를 잡아먹기 위해 만든 거예요. 피뿔고둥, 큰구슬우렁이, 갯우렁이가 치설(혀 이빨)로 조개의 껍데기를 긁어서 구멍을 뚫은 후 소화액으로 살을 녹여 먹어요.

구멍 뚫린 조개껍질		조개를 잡아먹는 천적	

바지락	붉은줄접시조개	피뿔고둥	갯우렁이

관련 교과 3-2 과학 〈2. 동물의 생활〉 / 5-2 과학 〈2. 생물과 환경〉 / 5-2 과학 〈3. 날씨와 우리 생활〉

갯바위에서 만난 뱅글뱅글 꽈배기 고둥

찰랑거리던 바닷물이 빠져나가면 바닷물에 잠겨 있던 조간대가 훤하게 드러나요.
조간대는 밀물 때 바다가 되었다가 썰물 때 육지가 되는 특별한 곳이지요.
나사못처럼 생긴 고둥에게 조간대는 살기 좋은 천국이에요.
고둥은 갯바위나 자갈의 틈에 모이거나 조수 웅덩이에 모여 살지요.
펄 갯벌이나 모래 갯벌에 무리 지어 살아가는 고둥이 어떤 종류인지 살펴보세요.
바위나 자갈에 붙어 있는 고둥이 어떻게 움직이며 사는지도 관찰해 보세요.

갈고둥
크기 10mm 내외
돌 틈에 붙어 살아요.
검은색의 껍데기는
둥글고 매끈해요.

총알고둥
크기 10mm 내외
갯바위의 바위틈에 모여 살면서
녹조류와 해조류를 뜯어 먹어요.

> 모양이 총알처럼 생겼고, 껍데기는 두껍고 단단하며 6개의 나선 모양 층이 있어요.

댕가리
크기 30mm 내외
모래 갯벌과 펄 갯벌에 무리 지어 살면서
해초 등을 먹고 살아요.

> 갯고둥과 닮았지만 더 가늘고 길어요.

비틀이고둥
크기 20mm 내외
펄 갯벌에서 발견되며 얕은 바닥이나
해조류 아래를 잘 파고들어요.

갯고둥
크기 30mm 내외
조간대의 펄 갯벌이나 하구의
모래 갯벌에 무리 지어 살아요.

점갯고둥
크기 31mm 내외
조간대의 갯벌에 살아요. 위쪽은 흰색을 띠고
12개의 나선 모양 층(나층)이 있어요.

> 갯바위의 습기가 있는 바위나 돌 틈, 조수 웅덩이에서 살아요.

개울타리고둥
크기 26mm 내외
껍데기에 있는 울타리 모양의 무늬가 성벽의 벽돌처럼 보여요.

> 단단한 치설로 조개껍질을 뚫어서 잡아먹어요.

대수리
크기 25mm 내외
갯바위에서 가장 흔하게 볼 수 있는 고둥 중 하나예요.

> 굴, 담치, 따개비의 껍데기에 구멍을 뚫고 잡아먹어 대수리와 먹이 경쟁을 해요.

뿔두드럭고둥
크기 30mm 내외
갯바위에서 주로 발견되는 육식성 고둥이에요.

왕좁쌀무늬고둥
크기 10mm 내외
모래 갯벌과 펄 갯벌에 무리 지어 사는 원뿔 모양의 작은 고둥이에요.

서해비단고둥
크기 17mm 내외
납작한 단추 모양으로 껍데기에 구불구불한 물결무늬가 있어요.

보말고둥
크기 25mm 내외
바위나 자갈에서 발견되는 원뿔 모양의 초식성 고둥이에요.

관련 교과 3-2 과학 〈2. 동물의 생활〉 / 5-2 과학 〈2. 생물과 환경〉 / 6-2 과학 〈2. 계절의 변화〉

조간대의 빙글빙글 고둥과 느림보 군부

바닷가의 갯벌이나 갯바위는 다양한 연체동물을 볼 수 있는 곳이에요.
크기가 커다란 고둥과 우렁이는 바닷가에서 쉽게 눈에 띄지요.
'소라'라 부르는 껍데기가 큰 피뿔고둥과 우렁이를 찾아보세요.
조간대의 바위와 자갈 해변에는 희한한 이름을 가진 연체동물도 발견할 수 있어요.
바위에 착 달라붙어 꼼짝 않고 있는 원뿔 모양의 배무래기와 배말,
털이 북슬북슬한 군부가 죽었는지 살았는지 자세히 관찰해 보세요.

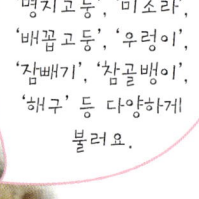

'명지고둥', '미소라', '배꼽고둥', '우렁이', '잠뱅기', '참골뱅이', '해구' 등 다양하게 불러요.

큰구슬우렁이
크기 70mm 내외
납작한 달걀 모양의 우렁이로 매끄럽고 광택이 나요.

피뿔고둥
크기 150mm 내외
껍데기가 단단하고 큰 고둥으로 흔히 '소라'라 불러요.

민물우렁이와 닮았지만 바다에 살아서 '갯우렁이'가 되었어요.

배무래기
크기 30mm 내외
동해안과 남해안 연안의 파도가 강한 조간대에 사는 초식성 조개예요.

갯우렁이
크기 30mm 내외
껍데기는 원뿔 모양으로 부드럽고 단단하며 반질거려요.

흰무늬배말
크기 20mm 내외
두껍고 단단한 연한 녹갈색 껍데기에 흰색 반점 무늬가 나타나요.

북방전복
크기 100mm 내외
수심 5~10m 정도의 바위나 큰 자갈이 있는 곳에서 발견돼요.

납작배무래기
크기 29mm 내외
황록색 껍데기는
타원형이며
원뿔 모양 꼭대기가
뾰족하게
솟아 있어요.

갈조류인 미역, 대황, 다시마를 먹고 살며 난류가 흐르는 바다에 살아요.

껍데기가 낮은 원뿔 모양으로 끝이 뾰족하지 않아요.

둥근배무래기
크기 26mm 내외
갯바위에 붙어 살며
원뿔 모양 꼭대기부터
동그란 줄무늬가
나타나요.

말전복
크기 200mm 내외
적갈색 껍데기는 단단하고 타원형이며
앞쪽에 4개의 구멍이 뚫려 있어요.

움직임이 느려
굼뜨다의 '굼'이 붙어
'굼보'라 불리다가
'군부'가 되었어요.

물 속에서 느리게
바닥을 기어 다니며
규조류나 해초류를
갉아 먹어요.

털군부
크기 40mm 내외
바위나 자갈 틈에 딱지처럼
붙어 있어 '딱지조개'라 불러요.

좀털군부
크기 20mm 내외
조간대의 바위나 자갈에서
발견되는 크기가 작은 군부예요.

조간대의 해양 생물

밀물 때는 물에 잠겨 바다가 되고, 썰물 때는 물이 빠져 육지가 되는 곳이 조간대예요. 여름에는 너무 뜨겁고 겨울엔 무척 춥지요. 때로는 비가 와서 민물이 들어오고, 건조한 환경에 노출되는 등 환경 변화가 변덕스러워요. 그래서 조간대의 바위틈이나 조수 웅덩이에는 적응력이 뛰어난 고둥, 배무래기, 따개비, 담치, 군부, 갯강구, 해조류 등의 해양 생물만이 슬기롭게 적응하며 살아가고 있답니다.

조간대 풍경

조수 웅덩이

고둥 무리

배무래기와 따개비

갯벌의 해양 생물과 돌에 붙어 사는 해조류

바닷가의 드넓은 갯벌은 수많은 해양 생물이 살아가는 소중한 서식지예요.
갯벌에는 독특한 모양과 색깔을 가진 해양 생물이 살고 있어요.
갯바위와 자갈에 붙어 사는 생물도 있고 갯벌 속에 구멍을 뚫고 사는 생물도 있지요.
바위나 자갈에는 파래, 미역, 다시마 같은 해조류도 가득 붙어 살아요.
갯벌 구석구석을 돌아다니며 신기한 해양 생물을 찾아보세요.
바닷속에서 헤엄치지 않고 갯벌 위를 폴짝 뛰는 망둑어도 관찰해 보세요.

민무늬납작벌레
크기 50mm 내외
작은 바위에 붙어 살며 위험을 느끼면 빠르게 기어서 도망쳐요.

팔과 몸이 수없이 잘려도 몸의 1/5만 남으면 다시 원래의 몸으로 재생돼요.

별불가사리
크기 50~70mm
푸른색에 붉은색 반점이 흩어져 있는 별 모양 불가사리예요.

바닷가의 자갈이나 기수역 부근에 살아요.

U자형의 굴을 파고, 진흙 속의 유기 물질이나 규조류를 먹고 살아요.

미끈망둑
크기 60mm 내외
몸은 미꾸라지처럼 가늘고 길며 피부는 비늘이 없고 미끈미끈해요.

두토막눈썹참갯지렁이
크기 120mm 내외
구멍을 뚫고 산소를 불어 넣어서 갯벌을 깨끗하게 해요.

갈문망둑
크기 70~90mm
몸에 흑갈색 점무늬가 있고 머리 앞쪽이 납작해요.

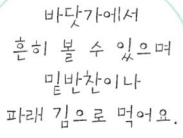

바닷가에서 흔히 볼 수 있으며 밑반찬이나 파래 김으로 먹어요.

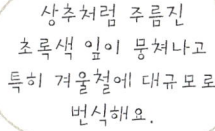

상추처럼 주름진 초록색 잎이 뭉쳐나고 특히 겨울철에 대규모로 번식해요.

파래(잎파래)
길이 10~20cm
돌에 붙어 있는 편평하고 넓은 잎을 가진 해조류예요.

구멍갈파래
길이 10~30cm
바위가 많은 갯벌에 살고 몸에 구멍이 뚫려 있는 파래예요.

바위수염
길이 5~15cm
바위에 무리를 이루어 실처럼 가느다란 모양으로 뭉쳐 자라요.

다시마
길이 1.5~3.5m
몸은 넓은 띠 모양이고 표면은 미끄러우며 바위에 붙어 살아요.

미역
길이 1~2m
줄기의 양쪽에 주름이 있고 잎이 매끄러운 갈조류로 국을 끓여 먹어요.

해조류는 색깔에 따라 녹조류(파래, 청각), 갈조류(미역, 다시마), 홍조류(김, 우뭇가사리)로 구분해요.

간척지와 바닷가를 발발 기어가는 곤충

따스한 봄 햇볕이 바닷가 간척지에 비추면 바닷가 곤충이 활발하게 움직여요.
간척지의 풀밭에는 발 빠르게 활동하는 바닷가 곤충이 살고 있어요.
고운 모래가 가득 쌓인 모래 해변에서도 특별한 바닷가 곤충을 만날 수 있지요.
건조한 간척지의 땅 위를 빠르게 기어 다니는 길앞잡이와
간척지 풀밭 사이를 오가는 먼지벌레와 노린재를 만나 보세요.
모래 해변에 꼭꼭 숨어 모래 놀이를 하는 신기한 곤충도 찾아보세요.

무녀길앞잡이
크기 11~15mm
서해안 간척지나 염전에서
쉽게 볼 수 있어요.

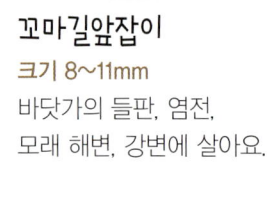

크기가 작은
길앞잡이여서
'꼬마'가 붙었어요.

꼬마길앞잡이
크기 8~11mm
바닷가의 들판, 염전,
모래 해변, 강변에 살아요.

딱지날개 가운데에
굵은 검은색
줄무늬가 있어요.

등줄먼지벌레
크기 6~9mm
간척지의 땅을
발발 기어 다녀요.

어리흰무늬긴노린재
크기 7~8mm
간척지 돌 틈을
재빨리 기어 다니면
개미처럼 보여요.

별노린재
크기 9mm 내외
햇볕이 잘 드는 간척지
풀밭에서 기어 다녀요.

서해안, 남해안의 강 하구와 모래 해변에서 볼 수 있어요.

큰무늬길앞잡이
크기 15~18mm
모래 해변을 빠르게 기어 다니며 작은 곤충을 사냥해요. 애벌레는 모래에 수직으로 구멍을 파고 지나가는 곤충을 잡아먹어요.

모래거저리
크기 10~11mm
모래 해변에 살아요. 몸은 검은색이고 딱지날개에 세로줄무늬가 있어요.

작은모래거저리
크기 9mm 내외
바닷가 주변을 기어 다녀요. 딱지날개에 올록볼록한 돌기가 있어요.

간척지의 풀밭에서 볼 수 있어요.

엷은먼지벌레
크기 5~5.5mm
몸은 연갈색이고 머리와 가슴이 길쭉해요.

산바퀴
크기 12~14mm
바닷가 풀밭에 살면서 동물의 사체와 같은 썩은 유기 물질을 먹고 살아요.

바닷가와 숲속에 사는 길앞잡이

환경이 크게 다른 바닷가와 숲에는 서로 다른 종류의 길앞잡이가 살고 있어요. 모래 해변에는 큰무늬길앞잡이, 건조한 간척지에는 무녀길앞잡이가 살지요. 반면에 숲속에는 아이누길앞잡이와 길앞잡이가 살고 있어요. 어떤 종류의 길앞잡이를 관찰할지에 따라 바다 또는 숲으로 탐사 장소를 정해야 한답니다.

바닷가에 사는 길앞잡이

큰무늬길앞잡이(모래 해변)

무녀길앞잡이(간척지)

숲속에 사는 길앞잡이

아이누길앞잡이(숲길)

길앞잡이(숲길)

관련 교과 3-1 과학 〈3. 동물의 한살이〉 / 3-2 과학 〈2. 동물의 생활〉 / 5-2 과학 〈2. 생물과 환경〉

바닷가 생물을 먹고 사는 바닷새

넓은 바다는 먹이가 풍부하고 자유롭게 날 수 있어서 바닷새의 천국이에요.
도요새는 기다란 부리를 갯벌 속에 찔러 넣어 게와 조개, 갯지렁이를 잡아먹어요.
물떼새는 쉴 새 없이 바닷가를 종종걸음치며 뛰어다니지요.
바닷가에 무리 지어 있다가 함께 날아오르는 도요새를 찾아보세요.
'야옹야옹' 고양이처럼 울음소리를 내는 괭이갈매기와 목이 긴 백로도 살펴보세요.
바닷물에 둥둥 떠 있는 바닷새가 어떻게 헤엄치는지도 관찰해 보세요.

길게 휘어진 긴 부리로 게, 갑각류, 갯지렁이 등을 잘 잡아먹어요.

알락꼬리마도요
크기 58.5~61.5cm
모래 해변, 갯벌, 하구, 논, 풀밭에서 살아요.

민물도요, 붉은가슴도요, 붉은어깨도요, 알락꼬리마도요가 무리 지어 있어요.

도요새 무리
바닷가에서 무리 지어 살며
긴 부리로 조개, 게, 갯지렁이를 잡아먹어요.

꼬마물떼새
크기 16cm 내외
모래 해변,
하천 자갈밭에서
종종걸음치며 달려가요.

굴과 조개를 잘 잡아먹어 '굴잡이새'라 불러요. 천연기념물 326호예요.

검은머리물떼새
크기 45cm 내외
바닷가에서 게, 실지렁이, 곤충, 물고기 등을 먹고 살아요.

고양이 울음소리와 비슷한 소리를 내서 '괭이갈매기'라 불러요.

괭이갈매기
크기 47~52.5cm
바닷가, 항구, 하구 등에서 무리 지어 살아요.

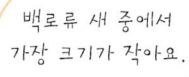

백로류 새 중에서 가장 크기가 작아요.

소백로
크기 58~61cm
바닷가 주변의 논에서 물고기를 잡아먹고 살아요.

중대백로
크기 83~89cm
번식기가 되면 눈 앞부분이 청록색으로 변해요.

민물가마우지
크기 80~94cm
바닷가, 하천 등에 살며 물속을 잠수해서 먹이를 잡아먹는 겨울 철새예요.

왜가리
크기 94~97cm
바닷가나 주변 습지에서 물고기와 개구리를 잡아먹어요.

25

관련 교과 4-2 과학 〈1. 식물의 생활〉 / 5-2 과학 〈2. 생물과 환경〉 / 6-1 과학 〈4. 식물의 구조와 기능〉

갯벌과 모래 해변에 자라는 염생 식물

바닷가의 갯벌과 모래 해변에는 육지에서 볼 수 없는 염생 식물이 자라고 있어요.
염생 식물은 소금기가 있는 바닷가의 혹독한 환경에서도 끄떡없이 자라는 식물이지요.
갯벌과 모래 해변 간척지, 염전에서 탐사를 하다 보면 염생 식물을 쉽게 발견할 수 있어요.
줄기가 퉁퉁한 퉁퉁마디, 붉은색의 해홍나물과 나문재를 찾아보세요.
모래 해변이나 해안 사구(모래 언덕)에 핀 예쁜 갯메꽃과 해당화도 만나고,
어떤 곤충이 날아와서 꽃가루를 먹고 꿀을 빠는지도 관찰해 보세요.

뿌리 윗부분에서 길쭉한 주걱 모양의 잎이 사방으로 돌려나요.

나문재
높이 40~100cm
갯벌, 간척지, 염전에 자라며
봄에는 어린 순을 뜯어서 나물로 먹어요.

갯질경
높이 30~60cm
만조선 부근의 습한 곳, 간척지,
기수역(바다와 강이 만나는 곳)에 살아요.

해홍나물
높이 30~50cm
잎은 통통하고
바늘 모양이며
나문재보다 짧고
칠면초보다는 길어요.

줄기가 퉁퉁해서 '퉁퉁마디', 줄기에서 짠맛이 나서 '함초 소금'이 유명해요.

퉁퉁마디
높이 10~30cm
간척지나 염전 주변에서
많이 자라며 '함초'라 불러요.

줄기에 커다란 가시가 있고 뻣뻣한 잔털이 빽빽해요.

해당화
높이 1.5m 내외
해안 사구에서 자라며
정원수나 울타리용으로
많이 심어요.

갯완두
높이 60cm 내외
해안 사구에 사는 풀로 붉은색이 도는 보라색 꽃이 피어요.

왕잔디
높이 15~20cm
모래 해변에 자라요. 잎은 자주색이며 두껍고 뻣뻣해요.

> 바위 해변, 자갈 해변, 담장, 공터에서도 자랄 정도로 적응력이 좋아요.

갯씀바귀
높이 3~15cm
모래 해변과 해안 사구에 잘 자라며 여름에 노란색 꽃이 피어요.

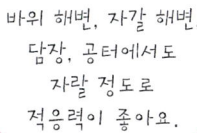

갯메꽃
높이 10~30cm
모래 해변에 자라는 가장 대표적인 염생 식물이에요.

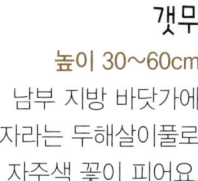

갯무
높이 30~60cm
남부 지방 바닷가에 자라는 두해살이풀로 자주색 꽃이 피어요.

> 날아가는 모래가 잎에 걸리고, 뿌리줄기는 모래를 잡아 주어 모래 해변을 보호해요.

갯그령
높이 50~100cm
해안 사구에 살며 주로 서해안에 군락으로 분포해요.

살펴보아요!

염생 식물은 어떤 식물일까?

소금기가 있는 곳에서 자라는 염생 식물은 '바닷가 식물' 또는 '갯가 식물'이라 불러요. 바닷가에 사는 염생 식물은 좋아하는 환경이 조금씩 달라요. 침수되는 갯벌에는 칠면초, 바닷물이 닿는 지역에는 지채, 간척지에는 퉁퉁마디와 해홍나물, 염전 주변에는 나문재, 해안 사구에는 해당화와 갯메꽃, 간척지나 기수역에는 갈대가 자라요.

칠면초(침수 갯벌)

지채(바닷가)

해홍나물(간척지)

나문재(염전)

해당화(해안 사구)

갈대(간척지, 기수역)

관련 교과 4-2 과학 〈1. 식물의 생활〉 / 5-2 과학 〈2. 생물과 환경〉 / 6-1 과학 〈4. 식물의 구조와 기능〉

남부 지방 바닷가에 자라는 염생 식물

무더운 남부 지방에는 중부 지방에서 볼 수 없는 특별한 식물이 자라고 있어요.
바닷가나 갯바위에서 돌가시나무, 땅채송화, 염주괴불주머니를 볼 수 있지요.
붉은색 꽃이 피는 동백나무와 열대 지역에 자라는 야자수도 보여요.
제주도에는 우리나라에서 유일하게 자생하는 선인장 군락지도 있답니다.
바닷가와 갯바위에서 신기하고 특별한 남부 지방 식물을 찾아보세요.
세찬 바람을 막기 위해 방풍림으로 심은 해송 군락지도 발견해 보세요.

찔레보다 잎이 윤기 있고 흰색 꽃이 더 크며, 줄기가 땅을 따라 뻗어요.

땅채송화
높이 10cm 내외
바닷가의 바위가 많은 곳에 무리 지어 자라며 노란색 꽃이 피어요.

돌가시나무
높이 10~20cm
바닷가의 바위가 많은 곳에 자라며 생김새가 '찔레'와 닮았어요.

잎이 매우 두툼하고 윤기가 흐르며, 여름에 분홍색 꽃이 피어요.

봄과 가을에 피며, 꽃은 노란색이고 열매는 염주 모양이에요.

갯까치수영
높이 10~40cm
바닷가의 바위틈에 많이 자라요.

염주괴불주머니
높이 40~60cm
남부 지방 바닷가나 서해안 섬에 무리 지어 자라요.

납작해서 '손바닥선인장'이라 부르고, 보라색 열매는 '백년초'라 불러요.

선인장
높이 30~200cm
멕시코에서 해류를 타고 제주에 떠내려와서 현무암 바위틈에 자라요.

해송
높이 20m 내외
'곰솔'이라고도 해요. 바닷가를 따라 자라기 때문에 '해송'이라 불러요.

세찬 바람을 견디는 힘이 매우 강해서 바닷가에 잘 자라요.

우리나라 곳곳에 있는 동백나무 숲은 천연기념물로 지정된 곳이 많아요.

갯메꽃
높이 10~30cm
모래 해변에서 갯씀바귀, 사초, 갯완두, 순비기나무 등과 섞여 자라요.

동백나무
높이 2m 내외
남부 지방에 서식하며 초봄부터 붉은색 꽃이 피어요. 바닷가에 사는 동백나무는 해풍 때문에 높게 자라지 못해요.

갯무
높이 30~60cm
갯가에 자라는 '무'라 해서 '갯무'라 불러요.

열대 지역, 아열대 지역에 주로 자라며 열매와 야자유는 식품 원료로 쓰여요.

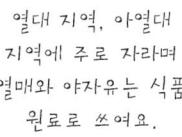

카나리아야자
높이 15~20m
제주도와 남부 지방에서 조경으로 많이 이용하는 야자나무예요.

살펴보아요!

천연기념물 월령리 선인장

제주도 한림읍 월령리 바닷가에는 우리나라에서 자생하는 유일한 선인장 군락이 있어요. 멕시코가 원산지인 선인장은 쿠로시오 난류를 타고 떠내려와서 현무암 바위틈에 자라게 되었지요. 마을 주민들이 쥐나 뱀 등의 침입을 막기 위해 돌담에 옮겨 심으면서 곳곳에 선인장이 자라고 있어요. 이색적인 풍경을 보여 주는 선인장은 학술적, 민속적 가치를 인정받아 천연기념물 429호로 지정되었지요. '백년초'라 불리는 선인장의 보라색 열매는 제주도 기념품인 백년초 초콜릿을 만드는 원료랍니다.

월령리 선인장 군락

백년초(보라색 열매)

모래 해변에서 발견한 조개껍질

바닷가로 불어오는 바람을 맞으며 산책하면 너무 상쾌해요.
모래 해변을 걷다 보면 조개껍질을 쉽게 발견할 수 있어요.
조개껍질은 파도에 떠밀려 와 차곡차곡 모여서 수북이 쌓이지요.
세찬 파도에 부서지고 깎인 조개껍질의 모양과 색깔이 저마다 달라요.
바닷가를 걸으며 반질반질해진 여러 가지 조개껍질을 주워 보세요.
발견한 조개껍질이 어떤 조개인지 서로 비교해 보고 관찰해 보세요.

껍데기 가장자리로 갈수록 성장선이 뚜렷하게 보여요.

동죽
크기 40mm 내외
꼭지 부분은 희거나 회백색이지만
전체적으로 황갈색 또는 흑갈색이에요.

바지락
크기 40mm 내외
모래나 진흙 속의 식물성 플랑크톤을
먹고 살며 번식과 성장이 빨라요.

새꼬막과 피조개는 껍데기에 털이 있지만 꼬막은 털이 없어요.

꼬막과 피조개의 중간 정도되는 크기예요.

꼬막
크기 50mm 내외
껍데기는 볼록한 삼각형이며 매우 단단해요.
17~18개의 세로줄 주름이 있어요.

새꼬막
크기 75mm 내외
껍데기 둘레에 털이 붙어 있는데
물기가 없으면 털이 잘 부서져요.

게, 불가사리, 갯우렁이, 피뿔고둥, 바닷새, 사람이 천적이에요.

굴
크기 30~85mm
조간대의 바위나 자갈에
붙어 살며 '굴조개', '석굴',
'석화(돌꽃)'라 불러요.

조간대의 바위틈이나 자갈에 붙어 무리 지어 살아요.

갈색고랑조개
크기 36mm 내외
껍데기는 삼각형이고 12~13개의 세로줄 주름이 있어요.

지중해담치
크기 70mm 내외
껍데기는 검보라색 광택이 나요.

붉은줄접시조개
크기 30mm 내외
분홍색을 띠는 흰색 껍데기는 얇아서 쉽게 부서져요.

갈색새알조개
크기 15mm 내외
껍데기는 긴 타원형이고 단단하며 전체적으로 황갈색이에요.

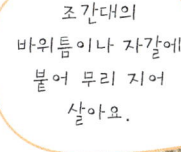

껍데기가 매우 큰 조개이지만 얇아서 잘 부서져요.

키조개
크기 250mm 내외
껍데기는 꼭지부터 점점 넓어지는 삼각형이며 녹회색이에요.

관련 교과 3-2 과학 〈2. 동물의 생활〉 / 5-2 과학 〈2. 생물과 환경〉

바닷가에서 발견한 다양한 해양 생물 껍데기

모래 해변에서는 다양한 모양과 색깔의 해양 생물 껍데기를 발견할 수 있어요.
주먹만 한 고둥 껍데기는 쉽게 찾을 수 있고, 달걀 모양의 갑오징어 껍데기도 있지요.
부러진 게 발과 게 껍데기가 말라붙어 있는 모습도 쉽게 찾을 수 있어요.
파도에 밀려온 죽은 성게와 갯가재 껍데기도 심심치 않게 발견할 수 있지요.
바닷가 곳곳을 돌면서 바닷가에 사는 연체동물과 절지동물의 껍데기를 찾아보세요.
죽은 껍데기를 관찰해 보고 어떤 해양 생물인지 맞추어 보세요.

일본, 중국 북부에도 살며 최근 미국 연안에서는 유해 외래종으로 취급해요.

밤색줄무늬계란고둥
크기 70mm 내외
혼합 갯벌에 사는
달걀 모양처럼
생긴 고둥이에요.

피뿔고둥
크기 150mm 내외
어른 주먹만 한 매우 커다란
고둥으로 껍데기가 두껍고
단단하며 입구가 넓어요.

분지성게
크기 25~50mm
몸 전체가 밤송이처럼
가시로 덮여 있으며
황갈색이에요.

열대와 온대의
얕은 바다에 살며,
겨울에는 더욱 깊은
곳으로 이동해요.

검정띠실꾸리고둥
크기 19mm 내외
세로줄 주름이 뚜렷하고
굵은 모래가 있는 갯벌에
사는 고둥이에요.

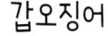

갑오징어
크기 80mm~180mm
달걀 모양의 몸에 갈색의 가로줄무늬가 있어요.

껍데기 두 장의 크기가
서로 달라서 조개와
구별돼요.

개맛
크기 50mm 내외
껍데기가 두 장이 있어서 조개처럼 보이지만
조개가 아니라 완족동물이에요.

밤게
크기 20.6mm 내외
껍데기가 밤을 반으로 쪼갠 것 같아 '밤게'라 불러요. 위험이 느껴지면 죽은 척을 해요.

> 먼바다에서 겨울잠을 자고, 봄이 되면 알을 낳기 위해 얕은 바다로 와요.

> 50~200m 깊이의 바닷속에 살지만 잘려진 다리가 모래 해변에서 발견돼요.

자게
크기 59~82mm
등딱지는 마름모꼴이고 등과 집게다리에 사마귀 모양 돌기가 많아요.

꽃게
크기 200mm 내외
낮에는 모래 갯벌에 숨어 있다가 밤이 되면 물고기 등의 먹이를 사냥해요.

> 새우, 조개, 게, 갯지렁이, 물고기 등을 마구 잡아먹는 갯벌의 무법자예요.

> 갯벌의 돌 밑이나 갈대 뿌리 주변에 숨어 있다가 밤에 활동해요.

갯가재
크기 120mm 내외
모래 갯벌에 주로 살아요. 몸이 길고 납작하며 식용으로 이용해요.

톱날꽃게
크기 200mm 내외
등딱지 앞쪽과 옆쪽 가장자리에 9개의 톱니 모양 돌기가 있어요.

살펴보아요!

주꾸미 잡는 피뿔고둥 껍데기

피뿔고둥(소라) 껍데기는 바닷가에서 쉽게 발견할 수 있어요. 쏴아~ 바닷가에서 주운 피뿔고둥 껍데기를 귀에 대면 바닷소리가 들려와요. 피뿔고둥 껍데기는 어민들이 주꾸미를 잡는 데도 사용해요. 피뿔고둥 껍데기를 끈으로 연결해서 바다에 던져 놓으면 주꾸미가 새집인 줄 알고 쏙 들어가 잡히거든요. 어민들은 주꾸미가 자연적으로 번식하도록 빈 피뿔고둥 껍데기를 설치해 주기도 해요. 숲에 만들어 놓은 인공 새집처럼 피뿔고둥 껍데기는 주꾸미의 훌륭한 번식처가 된답니다.

바닷가의 피뿔고둥 껍데기

간척지를 훨훨 나는 나비와 쌩쌩 잠자리

바닷가의 드넓은 간척지에는 넓은 풀밭이 펼쳐져 있어요.
바닷가 마을(어촌)에도 다양한 풀꽃과 나무가 자라고 있지요.
나비는 바닷가에 핀 꽃을 찾아서 훨훨 날아다니며 꽃에 앉아 꿀을 빨아요.
잠자리는 넓은 들판을 쌩쌩 날아다니며 먹잇감을 사냥해요.
간척지 풀밭과 바닷가 마을의 꽃에 날아온 나비를 관찰해 보세요.
간척지에서 볼 수 있는 고추잠자리와 대모잠자리도 찾아보세요.

애벌레는 자운영, 비수리, 토끼풀 등을 먹고 살아요.

노랑나비
크기 38~50mm
간척지 풀밭이나 바닷가 마을 주변을 빠르게 날아다녀요.

배추흰나비
크기 39~52mm
바닷가 주변을 날아다니며 꿀을 빨아요.

수풀이 무성한 바닷가 주변에 살면서 '환삼덩굴'에 알을 낳아요.

네발나비
크기 41~55mm
바닷가 주변 풀밭이나 간척지 땅에 잘 내려앉아요.

암먹부전나비
크기 17~28mm
바닷가 주변 풀밭 사이를 활발하게 날아다니며 풀잎에 잘 내려앉아요.

초봄에 처음 나온 고추잠자리는 연노란색이지만 성숙하면 붉게 변해요.

고추잠자리
크기 44~50mm
바닷가 습지나 간척지 웅덩이 주변을 빠르게 날아다녀요.

미성숙 고추잠자리

몸이 전체적으로 노란색이지만 수컷은 성숙하면 청회색으로 바뀌어요.

배치레잠자리
크기 34~38mm
바닷가 습지와 연못에 사는 잠자리예요.

대모잠자리
크기 38~43mm
바닷가 습지와 연못에 살아요. 환경부 멸종위기 야생생물 Ⅱ급으로 지정되어 있어요.

밀잠자리
크기 48~54mm
초봄부터 넓은 간척지 들판을 날아다니는 모습을 볼 수 있어요.

생김새가 바다에 사는 '바지락조개'를 닮았다 해서 '바지락나비'라 불러요.

바닷가 습지나 풀밭에 사는 진딧물 등의 작은 곤충을 잡아먹어요.

아시아실잠자리
크기 24~30mm
모래 해변이나 간척지 주변 풀밭의 풀 줄기 사이를 날아다녀요.

큰주홍부전나비
크기 26~41mm
바닷가나 간척지 풀밭 사이를 포르르 날아다니며 꿀을 빨아요.

간척지 풀밭에 사는 다채로운 곤충

바닷가 간척지의 풀밭은 숲처럼 다양한 곤충이 살아가는 서식지예요.
무성한 풀밭에는 동글동글 무당벌레가 진딧물을 잡아먹고 살아요.
병대벌레와 의병벌레는 빠르게 날아다니며 작은 곤충을 사냥해요.
간척지 풀밭에 핀 꽃에는 꿀벌과 꽃벌이 모여들어 열심히 꿀을 빨지요.
풀 즙을 빨아 먹는 노린재도 간척지 풀밭에 모여 살아요.
간척지 풀밭에 어떤 특별한 곤충이 살고 있는지 꼼꼼히 찾아보세요.

딱지날개에 13개의 검은색 점무늬가 있어서 이름이 지어졌어요.

몸은 노란색이고 딱지날개에 19개의 검은색 점무늬가 있어요.

어리민반날개긴노린재
크기 2~4mm
갯벌 주변이나 간척지 풀밭에서 풀 즙을 먹고 살아요.

열석점긴다리무당벌레
크기 5.5~6mm
바닷가나 간척지 습지에 사는 무당벌레예요.

십구점무당벌레
크기 3.8~4.1mm
바닷가 습지 주변의 풀밭에 사는 작은 무당벌레예요.

수컷은 뒷다리가 알통처럼 굵게 발달되어 있어요.

서울병대벌레
크기 10~13mm
간척지 풀밭을 날아다니며 작은 곤충을 잡아먹어요.

큰노랑테가시잎벌레
크기 5~5.2mm
딱지날개에 뾰족한 가시가 돋아 있어요.

시베르스하늘소붙이
크기 8~12mm
바닷가 주변에 핀 민들레 꽃 속으로 파고들어 가요.

꿀은 몸속의 꿀주머니에 저장하고 꽃가루는 뒷다리에 모아요.

바닷가에 핀 해당화에 날아왔다가 다시 날아가는 모습이 위협적이에요.

양봉꿀벌
크기 10~17mm
바닷가나 간척지 주변에 핀 꽃에 모여들어 꿀을 빨아요.

어리호박벌
크기 20~23mm
호박벌보다 훨씬 더 뚱뚱한 벌이에요.

더듬이가 앞쪽으로 튀어나와 뿔이 달린 것처럼 보여요.

뿔들파리
크기 9~11mm
바닷가와 간척지 풀밭을 빠르게 날아다녀요.

노랑배수중다리꽃등에
크기 10~14mm
바닷가에 핀 해당화에 잘 날아와서 꽃가루를 핥아 먹어요.

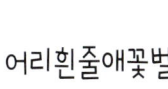

노랑무늬의병벌레
크기 5.2~5.8mm
용감한 '의병'처럼 풀밭의 작은 곤충을 잡아먹어요.

어리흰줄애꽃벌
크기 9mm 내외
배에 흰색 줄무늬가 있고, 해당화에 날아와서 꿀과 꽃가루를 모아요.

나비노린재
크기 8mm 내외
작은방패판 끝부분이 연노란색으로 길게 튀어나왔으며, 풀 즙을 먹고 살아요.

여름이 오면

쨍쨍 내리쬐는 햇볕을 피해
시원한 바닷물 속에서 해수욕을 해요.
갯벌에는 납작한 조개와 옆으로
기어가는 게의 세상이 펼쳐지네요.
조간대에는 고둥이 다닥다닥 붙어 살고
소금기에도 끄떡없는 염생 식물이 자라요.
뜨거운 여름을 갯벌에서 시원하게 즐기는
바닷가 생물을 만나러 떠나 볼까요?

↑ 갯바위에는 따개비가 다닥다닥 붙어 있어요.

↑ 바닷가에 피어 있는 예쁜 꽃에 청띠제비나비가 날아와요.

여름

관련 교과 2-1 여름 〈2. 초록이의 여름 여행〉 / 3-2 과학 〈2. 동물의 생활〉 / 5-2 과학 〈2. 생물과 환경〉

모래 갯벌과 자갈 갯벌에서 옆으로 기어 다니는 게

태양이 이글거리는 여름 바다는 햇볕이 무척 뜨겁지만 바람만은 시원해요.
모래 해변과 조간대 갯바위에는 게가 발발대며 기어 다녀요.
엽낭게와 달랑게는 모래 속의 먹이를 먹고 동글동글한 모래 구슬을 계속 내뱉어요.
모래 해변에 사는 게를 찾으려면 모래 구슬을 따라가 보세요.
조간대 갯바위와 자갈 사이에는 돌멩이와 비슷하게 생긴 게가 숨어 있어요.
눈을 동그랗게 뜨고 바위나 자갈 색깔로 위장한 게를 찾아보세요.

엽낭게
크기 11~14mm
조간대의 모래 해변에 지름 5mm, 깊이 10~30cm의 구멍을 파고 살아요.

엽낭게 집
모래에 집을 만들어서 생활해요.

모래로 공 모양의 모래 구슬 '펠릿'을 만드는 '유령 같은 게 (Globular ghost crab)'예요.

고둥, 담치, 물고기 등을 집게다리로 잡아먹으며 '뻘떡게', '박하지'라 불러요.

달랑게
크기 22mm 내외
밤에 달랑달랑 빠르게 기어가서 '유령게'라 불러요.

민꽃게
크기 91mm 내외
얕은 바다의 갯벌과 모래, 돌 틈이나 웅덩이에 살며, 바다의 최고 포식자예요.

꽃게
크기 200mm 내외
어린 시기에는 갯벌에 살다가 크면 넓은 바다로 가요.
식용으로 쓰는 게예요.

사각게
크기 17.2~24mm
사람이 접근하면 돌 밑이나 바위틈으로 재빨리 숨어요.

붉은발사각게
크기 25mm 내외
서해안과 남해안, 강 하구의 갈대밭에서 갯벌 퇴적물을 먹고 살아요.

40~50cm 깊이의 구멍을 파고 입구에 흙을 쌓아서 천적 너구리와 오소리를 피해요.

납작게
크기 28mm 내외
조간대의 자갈이나 바위 밑, 굵은 돌 사이에 주로 살아요.

등딱지가 거꾸로 된 사다리꼴이며, 사는 곳에 따라 색깔과 무늬가 다양해요.

풀게
크기 27mm 내외
등딱지의 색깔과 무늬가 자갈이나 조개껍질을 많이 닮았어요.

바위나 자갈이 많은 곳에 살며 등딱지에 알파벳 'H' 모양 홈이 있어요.

살펴보아요!

엽낭게의 모래 구슬 만들기

모래 갯벌에 사는 엽낭게는 양쪽 집게다리로 모래를 입에 넣어 오물오물 씹어 먹어요. 잠시 후 입 속에서 먹이만 골라내고 남은 모래를 구슬처럼 동그랗게 만들어 집 주변에 쌓아 두지요. 이렇게 모래 속 먹이를 골라내고 남은 찌꺼기를 '펠릿'이라 불러요. 바닷물이 빠진 후 몇 시간이 지나면 금방 모래 구슬이 쌓여요. 조심스럽게 가까이 다가가 모래 구슬을 만드는 엽낭게를 관찰해 보세요. 그리고 모래 구슬 주변에서 넓은 모래 해변으로 재빨리 기어 다니며 활발하게 움직이는 엽낭게를 찾아보세요.

엽낭게 모래 구슬

관련 교과 3-2 과학 〈2. 동물의 생활〉 / 5-2 과학 〈2. 생물과 환경〉

질퍽한 펄 갯벌의 굴파기 선수 게

발이 푹푹 빠지는 펄 갯벌에는 크고 작은 구멍이 뽕뽕 뚫려 있어요.
구멍 밖으로 고개를 내밀었던 게가 갑자기 게 구멍으로 쏙 들어가네요.
이상한 낌새라도 눈치챈 모양이에요. 안전한 굴속으로 재빨리 도망치는 걸 보면요.
잽싸게 도망칠 때 게는 앞으로 가지 않고 옆으로 도망쳐요.
옆으로 도망치는 것이 앞뒤로 움직이는 것보다 훨씬 더 빠르니까요.
굴이나 바위틈에 숨는 게를 찾아보고, 옆으로 도망치는 재밌는 모습도 관찰해 보세요.

간척지, 새우 양식장, 염전 두둑에 구멍을 파서 피해를 주기도 해요.

등딱지는 진한 청록색을 띠며, 윗면에 'H'모양 홈이 파여 있어요.

갈게
크기 28mm 내외
서해안과 남해안 하구 갈대밭의
진흙 바닥에 구멍을 파고 살아요.

방게
크기 32mm 내외
갈대밭, 습지, 제방 등에
많이 사는 흔한 게예요.

행동이 굼뜨고 죽은 생물을 뜯어 먹고 사는 '갯벌 청소부'예요.

암수가 금실 좋게 함께 있는 경우가 많아요.

흰발농게
크기 15mm 내외
농게와 생김새가 비슷하지만
다리가 흰색이고 크기도 훨씬 작아요.

밤게
크기 20.6mm 내외
펄 갯벌이나 모래 갯벌에 살아요.
보통의 게와 달리 똑바로 기어 다녀요.

수컷은 큰 집게다리를
들어 올렸다 내렸다
하며 암컷에게
사랑 고백을 해요.

농게
크기 32mm 내외
50mm의 붉은 집게다리를 갖고
있어서 '붉은발농게'라 불러요.

밥알이나 음식을
먹기 위해 어촌의 부엌에
잘 나타나서 이름이
지어졌어요.

갯벌에 물이 빠지면
무리 지어 나와
먹이를 찾는 모습이
장관이에요.

도둑게
크기 28~40mm
바닷가와 가까운 습지나 하천,
어촌의 부엌이나 우물가에 살아요.

농게 암컷
크기 32mm 내외
염생 식물이 많은 갯벌에 살아요.
등딱지의 가장자리에 흰색 테두리를 두른 것 같아요.

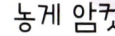

영역 싸움을 하다가
다리가 짧은 수컷이
달아나요.

짝짓기 철에는
수컷끼리 마주 보고
다리를 벌린 후 빙빙
돌며 영역 싸움을 해요.

길게
크기 37mm 내외
등딱지의 가로 길이가 세로 길이보다
2배 이상 길어서 이름이 지어졌어요.

갯벌과 조간대 갯바위에 사는 다양한 갑각류

펄 갯벌과 조간대에는 키틴질의 단단한 껍데기로 싸여 있는 다양한 갑각류가 살아요.
가재붙이와 딱총새우는 갯벌에 굴을 파고, 갯강구는 동식물 사체를 찾아 돌아다녀요.
바위와 자갈에 붙어 사는 따개비는 바닷물이 들어오면 플랑크톤과 유기 물질을 걸러 먹어요.
바닷물이 빠지면 '딱딱' 소리를 내며 뚜껑 같은 2개의 판을 닫아 건조해지는 걸 막지요.
갯벌을 탐사하며 '딱' 소리를 내며 적을 위협하는 딱총새우를 찾아보세요.
톡톡 튀는 참옆새우와 발 빠르게 움직이는 갯강구도 쫓아가 보세요.

갯벌에 사는 생물 중에서 가장 커다란 굴을 만들고, 유기 물질을 걸러 먹어요.

가재붙이
크기 50~80mm
냇물에 사는 가재와 닮아서 '가재붙이'라 불러요.

집게다리가 커서 '새우계의 농게'라 불리는 해양 생물이에요.

딱총새우
크기 20~70mm
적을 위협하거나 먹이를 구할 때 '딱' 하고 총소리를 내는 새우예요.

투명한 몸에 갈색이나 검은색 줄무늬가 있고, 꼬리 다리로 민첩하게 움직여요.

참옆새우
크기 5mm 내외
조수 웅덩이나 해조류 사이를 톡톡 뛰어다니는 납작한 갑각류예요.

줄새우아재비
크기 10mm 내외
조간대의 조수 웅덩이나 바닥에 붙은 해조류를 먹고 살아요.

갯강구
크기 30~45mm
바위 표면의 해조류나 죽은 동식물을 분해해 '바닷가의 청소부'라 불러요.

화산 분화구 모양으로, 회색 또는 흰색 바탕에 자주색 줄무늬가 있어요.

고랑따개비
크기 10~20mm
바위나 돌에 붙어 살며 물속에 사는 플랑크톤을 걸러 먹어요.

밀물이 들어오면 체와 같은 가슴다리로 물속의 플랑크톤을 걸러 먹어요.

조무래기따개비
크기 5~12mm
조간대 근처의 암초 위에 무리 지어 살아요.

체와 같은 가슴다리로 물속의 플랑크톤을 걸러 먹고 사는 따개비류예요.

민조개삿갓
크기 30mm 내외
남해안의 부유 물질(스티로폼, 통나무 등)에 붙어 있어요.

따개비 무리
무리 지어 사는 따개비 속에 고둥이 들어가 함께 살아요.

갯주걱벌레
크기 30mm 내외
돌 밑이나 해조류 색깔처럼 갈색, 노란색, 녹색, 흰색으로 변해요.

살펴보아요!

바다의 바퀴벌레 갯강구

바닷가의 바위틈에는 수십~수백 마리의 갯강구가 무리 지어 살아요. 갯강구는 '갯가에 사는 바퀴'란 뜻으로 '강구'는 경상도 사투리로 바퀴를 말해요. 몸이 딱딱한 외골격으로 싸여 있는 갑각류의 절지동물이지요. 육지에 사는 공벌레, 쥐며느리와 생김새가 비슷한 해양 무척추동물이랍니다. 갯강구는 수염과 꼬리를 빠르게 흔들어 먹이의 위치와 다른 생물의 움직임을 알아채서 바닷가를 재빨리 기어 다녀요. 특히 사체나 썩은 물질을 먹어 치우는 분해자 역할을 해서 '바다의 바퀴벌레'라 부른답니다.

바닷가를 누비는 갯강구

> 관련 교과 3-2 과학 〈2. 동물의 생활〉 / 5-2 과학 〈2. 생물과 환경〉

펄 갯벌을 파고드는 각양각색의 조개

물컹물컹한 진흙으로 이루어진 펄 갯벌에는 각양각색의 조개가 살고 있어요.
조개는 딱딱한 두 장의 껍데기에 쌓여 있는 몸이 부드러운 연체동물이에요.
'조개'라 부르는 연체동물 중에는 이름이 조개가 아닌 경우가 많아요.
동죽, 백합, 바지락, 꼬막처럼 특별한 이름을 가진 조개가 많지요.
갯벌에서 발견한 조개의 이름을 도감에서 찾아보세요.
신기한 이름을 가진 조개의 생김새를 꼼꼼히 관찰해 보고 모습도 그려 보세요.

시원하고 담백한 국물 맛을 내서 탕이나 국물 요리에 이용해요.

식용으로 인기가 있어서 서해안에서 양식을 많이 하는 조개예요.

동죽
크기 40mm 내외
물속의 유기 물질을 걸러 먹어요.
다 자라려면 5년 정도 걸려요.

말백합
크기 85~95mm
껍데기 무늬가 다양해서
'백 가지 무늬를 가진 조개'라는 뜻이에요.

'바지라기'라 불리다가 '바지락'이 되었어요.

동해안은 '반지락', 경남은 '반지래기', 인천과 전라도는 '반지락'이라 불러요.

할미조개
크기 89mm 내외
펄 갯벌에 살아요.
껍데기는 얇고 무늬가 없어요.

바지락
크기 40mm 내외
껍데기가 둥근 타원형이며 납작해요.
어두운 푸른색, 회적색, 흑갈색 등
색깔이 다양해요.

46 여름

잔칫상에 많이 오르는 쫄깃쫄깃하고 담백한 조개예요.

물속의 유기 물질을 걸러 먹으며, 오리, 낙지, 피뿔고둥, 꽃게에게 잡아먹혀요.

꼬막
크기 50mm 내외
펄 갯벌에 살며 입수관을 내놓고 물속의 유기 물질을 걸러 먹어요.

새꼬막
크기 75mm 내외
우리나라 해안에 널리 분포하며 펄 갯벌에 주로 서식해요.

피조개
크기 120~200mm
타우린, 글리코겐, 단백질, 비타민, 미네랄 등 영양분이 풍부해요.

퇴조개
크기 15mm 내외
껍데기는 얇지만 단단하고 황갈색을 띠는 겉 껍데기(각피)가 얇게 덮여 있어요.

갈색새알조개
크기 15mm 내외
서해안과 남해안의 진흙이 섞인 고운 모래 갯벌에서 살아요.

관련 교과 2-1 여름 〈2. 초록이의 여름 여행〉 / 3-2 과학 〈2. 동물의 생활〉 / 5-2 과학 〈2. 생물과 환경〉

모래 갯벌에 파묻혀 사는 조개

바다와 육지가 만나는 바닷가에는 넓은 모래 해변이 펼쳐져요.
고운 모래로 이루어진 모래 갯벌에는 단단한 껍데기에 싸여 있는 조개가 살고 있지요.
납작한 조개는 껍데기 밖으로 근육질의 발을 내밀어 갯벌에서 이동해요.
모래를 파고들어 간 조개는 플랑크톤과 부유 물질을 걸러 먹고 살지요.
깨끗한 모래 갯벌에 파묻혀 사는 신기한 조개를 샅샅이 찾아보세요.
모래 갯벌과 펄 갯벌에 사는 조개의 종류를 서로 비교해 보세요.

개조개
크기 100mm 내외
껍데기가 매우 단단하고 광택이 없으며,
맛이 좋아 식용으로 이용해요.

모래 갯벌을 파고들어 가
플랑크톤을 걸러 먹고
살아요.

볼록 나온 꼭지가
휘어져 있으며
식용으로도
쓰여요.

떡조개
크기 70mm 내외
모래 갯벌에 살면서
부유 물질을 걸러 먹어요.

바지락
크기 40mm 내외
모래나 진흙 속의 플랑크톤을
먹고 살아요.

조간대의 자갈 사이
모래 갯벌에 살아요.
바지락보다 깊이
들어가 살지요.

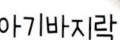

아기바지락
크기 30mm 내외
바지락보다 방사형 세로줄무늬가
뚜렷하지 않아요.

흰등줄조개
크기 17mm 내외
모래 갯벌에 살고 껍데기에
굵은 줄무늬가 있어요.

'∧∨' 모양의 무늬가 있으며 '상합', '생합', '대합', '피합' 등 다양하게 불러요.

말백합
크기 85~95mm
황갈색, 회갈색, 흰색 등
껍데기 색깔이 다양해요.

민들조개
크기 50mm 내외
연갈색이나 회백색의 껍데기는
삼각형이며 단단해요.
표면은 매끄럽고 광택이 나요.

'새꼬막', '뉘비꼬막', '뉘미조개', '털꼬막', '놀꼬막', '참꼬막' 등 이름이 다양해요.

살조개
크기 50mm 내외
모래 갯벌에서 발견되며
바지락보다 더 둥글둥글하고 커요.

피조개
크기 120~200mm
피조개, 꼬막 등의 돌조개류는
헤모글로빈을 갖고 있어 살이 붉어요.

피조개와 새꼬막은 펄 갯벌에서도 살아요.

새꼬막
크기 75mm 내외
통통한 살이 맛이 좋아서
회 무침, 구이, 찜으로 먹어요.

관련 교과 3-2 과학 〈2. 동물의 생활〉 / 5-2 과학 〈2. 생물과 환경〉

갯바위에 붙어 사는 굴과 갯벌에 사는 조개

바닷물이 들락날락하는 갯바위는 다양한 바닷가 생물의 쉼터예요.
갯바위에는 바위에 단단하게 몸을 붙이고 살아가는 굴과 담치가 살아요.
조간대 갯바위를 둘러보면서 바위에 붙어 있는 굴과 담치를 찾아보세요.
갯벌에는 희한한 모양으로 생긴 조개도 살고 있어요.
긴 사각형의 맛조개, 삼각형의 키조개, 부채 모양의 가리비도 발견해 보세요.
갯벌의 어디에 어떤 굴과 조개가 사는지 서식지도 관찰해 보세요.

굴 껍데기는 가장자리가 날카로워 상처를 입을 수 있으니 조심해야 해요.

굴
크기 30~85mm
껍데기가 원뿔 또는 나뭇가지 모양으로 매우 불규칙해요.

부유 물질을 걸러 먹고 살며, 바위의 공간을 차지하려고 따개비와 경쟁해요.

바위굴
크기 200mm 내외
바위 표면에 단단하게 붙어 있어서 떼어 내기 쉽지 않은 굴이에요.

큰가리비
크기 200mm 내외
껍데기가 납작하고 부채 모양이어서 '해선(바다 부채)'이라 불러요.

갈매기, 들쥐, 바위게류, 육식성 고둥, 불가사리의 먹이가 돼요.

지중해담치
크기 70mm 내외
접착성이 강한 단백질을 분비해 몸을 바위에 고정시킨 후 플랑크톤을 걸러 먹어요.

'맛살'이라 불리는 끝이 둥근 사각형 조개로, 굽거나 삶아 먹어요.

구멍에 소금을 넣으면 밖으로 불쑥 튀어나오는 습성을 이용해서 잡아요.

가리맛조개
크기 100mm 내외

펄 갯벌에 30~60cm 깊이의 구멍을 파서 유기 물질을 걸러 먹고 살아요.
주머니칼 모양이어서 '잭나이프 조개'라 불러요.

맛조개
크기 110mm 내외

대나무 마디처럼 길쭉하고 갯벌에 30~50cm 깊이의 구멍을 파고 살아요.

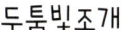

두툼빛조개
크기 50mm 내외

서해안과 남해안 모래 갯벌 속에 사는 광택이 반질반질한 조개예요.

키조개
크기 250mm 내외

펄 갯벌에 꼭지 부분을 박고 사는 크기가 큰 조개로, 플랑크톤을 걸러 먹어요.

살펴보아요!

바위틈에 다닥다닥 붙어 사는 홍합

홍합류에 속하는 홍합(토종담치)과 담치(지중해담치)는 모두 갯바위와 바위틈에 다닥다닥 붙어 살아요. 바위에 잘 달라붙을 수 있는 건 발에 있는 구멍에서 나오는 단백질의 섬유 다발인 '족사'를 갖고 있기 때문이에요. 홍합과 담치는 족사를 이용해서 갯바위에 몸을 잘 붙이고 바닷속의 영양물질을 걸러 먹으며 살아요. 그러나 바위에 착 달라붙어 살기 때문에 불가사리의 공격에 쉽게 당하고 만답니다.

바위에 붙은 담치

족사를 내밀고 붙은 담치

관련 교과 3-2 과학 〈2. 동물의 생활〉 / 5-2 과학 〈2. 생물과 환경〉

갯벌에 사는 동글동글 고둥과 우렁이

끈적끈적한 갯벌에는 동글동글한 고둥과 우렁이가 바글거리며 움직이고 있어요.
고둥과 우렁이는 갯벌의 해조류와 유기 물질을 먹고 살지요.
갯벌에 어지럽게 그려진 흔적을 따라가 보면 신기한 고둥을 만날 수 있어요.
죽은 생물의 사체를 발견하면 꼼꼼히 주변을 둘러보세요.
'갯벌의 하이에나' 왕좁쌀무늬고둥이 냄새를 맡고 모여들었을 테니까요.
갯벌 곳곳을 돌며 여러 모양의 고둥을 보고 고둥의 움직임을 관찰해 보세요.

> 모래 갯벌에 어지럽게 그려진 자국을 따라가면 찾을 수 있어요.

서해비단고둥
크기 17mm 내외
반질반질한 광택이 있으며 아름답고 섬세한 물결무늬가 있어요.

비단고둥
크기 30mm 내외
모래 갯벌이나 모래와 진흙이 섞인 갯벌에서 유기 물질을 먹고 살아요.

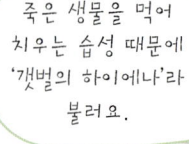

> 죽은 생물을 먹어 치우는 습성 때문에 '갯벌의 하이에나'라 불러요.

왕좁쌀무늬고둥
크기 10mm 내외
껍데기 색깔이 갯벌과 같은 진한 흑갈색이 많아요.

흑비단고둥
크기 19mm 내외
황갈색, 회갈색 바탕에 검은색 또는 흑갈색의 반점 무늬가 있어요.

> 진한 가로줄무늬가 있고, 각종 사체를 청소하는 중요한 역할을 해요.

검은줄좁쌀무늬고둥
크기 10mm 내외
조수 웅덩이나 바위틈에서 발견되는 크기가 작은 고둥이에요.

갯고둥
크기 30mm 내외
모래 갯벌이나 펄 갯벌에 살며
댕가리와 함께 무리 짓는
경우가 많아요.

몸 색깔이 매우 다양해요.

댕가리
크기 30mm 내외
껍데기는 원뿔 모양이고
흑갈색의 벽돌을
쌓아 올린 모양이에요.

치설로 껍데기에 구멍을 뚫어 조개를 잡아먹어 양식장에 피해를 줘요.

갯우렁이
크기 30mm 내외
서해안과 남해안의 펄 갯벌이나
모래와 진흙이 섞인
혼합 갯벌에 살아요.

수십~수백 마리가 집단을 이루어 분포하는 작은 고둥이에요.

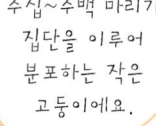

뾰족탑구슬우렁이
크기 23mm 내외
수심 50~100m 정도의
모래 갯벌에 살아요.

갈대밭기수우렁
크기 5mm 내외
남해안 주변의 펄 갯벌과
혼합 갯벌에서 발견돼요.

관련 교과 3-2 과학 〈2. 동물의 생활〉 / 5-2 과학 〈2. 생물과 환경〉 / 6-2 과학 〈2. 계절의 변화〉

조간대 바위와 자갈에 붙어 사는 고둥과 배무래기

밀물과 썰물에 의해 바다가 되었다가 육지가 되는 곳이 조간대예요.
조간대의 갯바위에는 조개류, 고둥류, 갑각류, 해조류 등 수많은 생물이 살고 있지요.
갯가의 바위와 자갈에는 나선 모양으로 꼬여 있는 고둥이 많이 붙어 있어요.
몸통의 배 부분에 발이 달린 고둥은 바위와 자갈 사이를 천천히 이동하지요.
갯바위를 조심스럽게 걸으며 바위와 자갈 틈에 모여 있는 고둥을 찾아보세요.
고둥과 함께 붙어 있는 원뿔 모양의 배무래기와 배말도 관찰해 보세요.

총알고둥
크기 10mm 내외
바위틈 어디서나 쉽게 발견되며
건조한 상태에서도 오랫동안 견뎌요.

뚜껑을 닫은 모습이 사람의 눈알처럼 보여요.

눈알고둥
크기 30mm 내외
조간대의 바위나
돌 밑에서 미세 조류를
먹고 살아요.

갈고둥
크기 10mm 내외
바위와 자갈에 사는
초식성 고둥으로 껍데기에
물결무늬가 있어요.

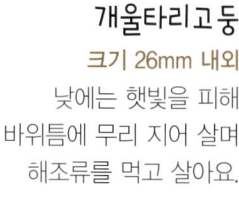

검은색, 황갈색, 황백색을
띠는 무늬가 있고,
6~7개의 나선 모양
탑이 있어요.

개울타리고둥
크기 26mm 내외
낮에는 햇빛을 피해
바위틈에 무리 지어 살며
해조류를 먹고 살아요.

> 물이 맑은 곳을 좋아하고, 움직일 때는 속도가 빨라요.

> 바위에서 떼어 내면 배를 오므려 동그랗게 말아요.

납작배무래기
크기 29mm 내외
조간대 갯바위의 낮은 바위나 자갈에 붙어 살아요.

좀털군부
크기 20mm 내외
지저분한 흑갈색이며 좌우로 8쌍의 짧지만 강한 가시 뭉치가 있어요.

> 갯바위에 달라붙어 있는 힘이 세서 떼어 내기 어려워요.

둥근배무래기
크기 26mm 내외
바위에 붙어 있는 해조류를 치설로 갉아 먹어요.

> 움푹 들어간 바위에 모여 있으면 수분을 유지할 수 있어요.

흰무늬배말
크기 20mm 내외
갯바위에 살며 무리 지어 살지 않고 홀로 사는 경우가 흔해요.

좁쌀무늬총알고둥
크기 5mm 내외
바위틈이나 작은 구멍에 무리 지어 사는 흔한 고둥이에요.

짜부락고둥
크기 40mm 내외
껍데기가 가늘고 뾰족해요. 나선 모양의 진한 갈색 무늬가 있고 돌기가 나 있어요.

관련 교과 2-1 여름 〈2. 초록이의 여름 여행〉 / 3-2 과학 〈2. 동물의 생활〉 / 5-2 과학 〈2. 생물과 환경〉

모래 갯벌을 기어 다니는 우렁이와 고둥

태양이 쨍쨍 내리쬐는 여름, 모래 갯벌이 뜨겁게 달구어졌어요.
모래 갯벌에 사는 고둥도 더위를 피해 모래 속으로 파고들지요.
고둥과 우렁이가 그늘진 모래 갯벌을 기어 다니고 있네요.
갯벌 바닥에 무리 지어 있는 댕가리와 갯고둥을 찾아보세요.
조개를 잡아먹고 사는 피뿔고둥과 우렁이도 발견해 보세요.
모래 갯벌과 펄 갯벌에 모두 살고 있는 고둥이 어떤 종류인지 알아 보세요.

> 발로 갯벌을 파서 조개를 감싼 후 산성액을 분비해 껍데기를 뚫어요.

> 산성액을 분비해서 치설로 구멍을 뚫어 조개를 잡아먹어요.

갯우렁이
크기 30mm 내외
갯벌을 기어 다니며 바지락, 가무락조개 등을 잡아먹어요.

큰구슬우렁이
크기 70mm 내외
서해안과 남해안 모래 갯벌이나 모래가 섞인 펄 갯벌에 살아요.

비틀이고둥
크기 20mm 내외
유기 물질이 많은 바닥에서 수십~수백 마리가 무리 지어 살아요.

> 뾰족한 끝부분을 자르고 입구 쪽을 빨아 먹는 소라는 대부분 댕가리예요.

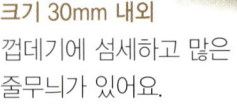

댕가리
크기 30mm 내외
껍데기에 섬세하고 많은 줄무늬가 있어요.

갯고둥
크기 30mm 내외
긴 원뿔 모양으로 두껍고 단단하며, 잡식성으로 해초 등을 먹고 살아요.

죽은 동물의 부패된 사체 또는 유기 물질을 먹고 살아요.

황해피뿔고둥
크기 80mm 내외
피뿔고둥의 어린 개체와 비슷하게 생겼어요.

피뿔고둥
크기 150mm 내외
모래 속 조개나 바위에 붙어 사는 굴과 홍합을 잡아먹어요.

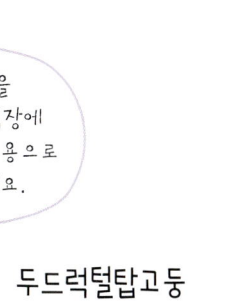

조개나 굴을 잡아먹어 양식장에 피해를 주며, 식용으로 많이 이용돼요.

두드럭털탑고둥
크기 155mm 내외
모래 갯벌에 살아요. 껍데기는 매우 단단하고 7~8개의 나선 모양 층이 있어요.

갈색띠매물고둥
크기 80mm 내외
갈색 또는 연한 황갈색 바탕에 굵은 갈색 띠무늬가 있어요.

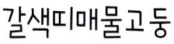

바닷물과 민물에 사는 우렁이

빙글빙글 꼬여 있는 나선 모양 껍데기를 가진 우렁이는 복족류의 연체동물이에요. 염분(소금)이 있는 바닷물에는 껍데기에 구멍을 뚫어 조개를 잡아먹는 갯우렁이와 큰구슬우렁이가 살아요. 논이나 연못 같은 민물에서는 물풀이나 유기 물질을 갉아 먹는 왕우렁이와 논우렁이를 만날 수 있어요. 바닷물과 민물에서 발견한 우렁이가 어떻게 다른지 관찰해 보고, 느릿느릿 기어 다니며 먹이를 먹는 우렁이의 모습을 살펴보세요.

바닷물에 사는 우렁이(갯우렁이)

민물에 사는 우렁이(왕우렁이)

관련 교과 3-2 과학 〈2. 동물의 생활〉 / 5-2 과학 〈2. 생물과 환경〉

빙글빙글 고둥과 머리에 발 달린 두족류

갯벌 탐사를 하다 보면 다양한 모양의 연체동물을 만날 수 있어요.
특히 바닷가에는 몸이 부드러운 피부로 되어 있는 연체동물이 많이 살아요.
바위에 붙어 사는 고둥과 진흙을 뒤집어쓰고 기어가는 민챙이도 만날 수 있지요.
머리에 발이 달린 주꾸미, 문어와 낙지도 바다에 사는 연체동물이랍니다.
흐느적거리며 미끄러지듯 움직이는 민챙이를 따라가 보세요.
우리가 맛있게 먹는 두족류의 다양한 연체동물도 찾아보세요.

낮에는 바위틈이나 자갈 아래에 숨어 있다가 밤에 활동해요.

팽이고둥
크기 40mm 내외
부착 생물이 덮여 있는 두껍고 단단한 껍데기는 팽이 모양이에요.

보말고둥
크기 25mm 내외
바위나 자갈이 있는 갯벌에서 해조류를 뜯어 먹고 살아요.

큰입술갈고둥
크기 26mm 내외
조간대 바위에 붙어 살아요.

입비뚤이주름고둥
크기 30mm 내외
나선 모양 탑(나탑)은 높고, 6개의 나선 모양 층이 있어요.

갯벌을 천천히 기어 다니며 플랑크톤이나 유기 물질을 치설로 갉아 먹어요.

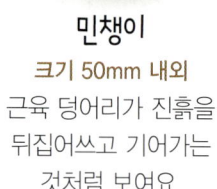

북방전복
크기 100mm 내외
밤에 바닥을 기어 다니며 먹이 활동을 해요.

민챙이
크기 50mm 내외
근육 덩어리가 진흙을 뒤집어쓰고 기어가는 것처럼 보여요.

주꾸미
크기 100~200mm
수심 10m 정도 연안의
바위틈에 살며
낙지와 닮았어요.

> 고둥(소라)과 전복
> 껍데기를 줄에 묶어
> 바다 밑에 놓아서
> 잡아요.

> 낮에는 바위 구멍에
> 숨어 있다가 밤에 나와 갑각류,
> 조개류를 잡아먹어요.
> '문어 단지'라 불리는 항아리를
> 줄로 엮어 바닷속 바닥에
> 놓아 잡아요.

문어
크기 60~300cm
먹물로 위기 탈출을 할
정도로 지능이 높아서
'문어(文魚)'라 불러요.

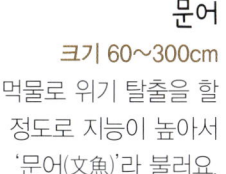

낙지
크기 300mm 내외
갯벌에 1m의 구멍을 파고 살며
게, 고둥, 조개 등을
잡아먹어요.

> 머리는 타원형이고
> 피부는 매끈매끈하며
> 8개의 다리에 빨판이
> 달렸어요.

> 봄여름에 100~300개
> 정도의 알을 낳아
> 번식하며, 담백한 맛이
> 일품이에요.

갑오징어
크기 80~180mm
2개의 긴 다리로
게나 물고기를 사냥해요.

바닷가 곳곳에 사는 다양한 해양 무척추동물

관련 교과: 2-1 여름 〈2. 초록이의 여름 여행〉 / 3-2 과학 〈2. 동물의 생활〉 / 3-2 과학 〈3. 지표의 변화〉 / 5-2 과학 〈2. 생물과 환경〉

바닷가에는 등뼈가 없는 다양한 해양 무척추동물이 살고 있어요.
펄 갯벌과 모래 갯벌, 갯바위와 조수 웅덩이를 찾아보면
바닷가에서 즐겁게 살아가는 신기한 해양 무척추동물을 만날 수 있답니다.
갯바위의 바위틈이나 조수 웅덩이에서 말미잘과 납작벌레를 찾아보세요.
해수욕장의 갯바위에서 불가사리와 멍게, 해삼도 발견해 보세요.
갯벌 속에 몸을 파묻고 일부만 나와서 먹이를 먹는 갯지렁이도 만나 보세요.

> 고생대부터 지금까지 형태가 변하지 않고 살아 있어 '살아 있는 화석'이라 불러요.

개맛
크기 50mm 내외
꼬리처럼 긴 근육질의 발로 갯벌에 몸을 고정시키고 유기 물질을 걸러 먹어요.

세로줄조개사돈
크기 35mm 내외
껍데기는 부채 모양이고 20개의 굵은 세로줄 주름이 있어요.

담황줄말미잘
크기 15mm 내외
갯가의 바위틈이나 조수 웅덩이에 붙어 살며 촉수로 사냥해요.

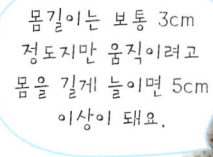

> 몸길이는 보통 3cm 정도지만 움직이려고 몸을 길게 늘이면 5cm 이상이 돼요.

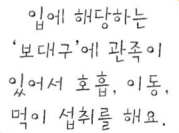

> 입에 해당하는 '보대구'에 관족이 있어서 호흡, 이동, 먹이 섭취를 해요.

민무늬납작벌레
크기 50mm 내외
몸이 편평한 편형동물로 미세 갑각류, 해조류 포자 등을 먹고 살아요.

> 조간대 바위틈이나 조수 웅덩이에서 살며, 조개껍질 조각을 붙여 위장해요.

별불가사리
크기 50~70mm
갯바위, 조수 웅덩이, 해수욕장에서 많이 발견돼요.

풀색꽃해변말미잘
크기 50mm 내외
길고 굵은 촉수로 작은 물고기나 게를 잡아먹어요.

짧은가시거미불가사리
크기 80mm 내외
5개의 기다란 팔이 거미의 다리처럼 가늘고 길어요.

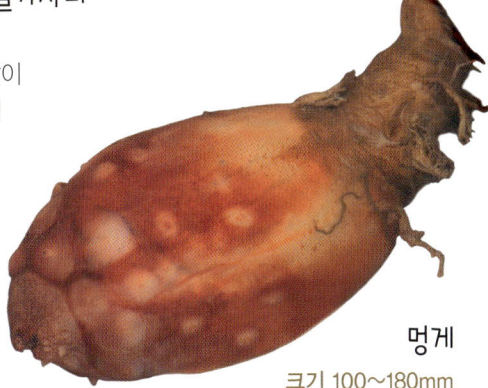

멍게
크기 100~180mm
바위, 해초, 조개에 붙어 살며 '우렁쉥이'라 불러요.

> 표면이 울퉁불퉁한 둥근 자루 모양으로 퇴적물을 먹고 살아요.

> 적이 나타나면 항문으로 내장을 뿜어, 적이 내장을 먹는 동안 자신은 도망쳐요.

> 조간대의 유기 물질이 많은 바위틈이나 담치 군락에서 흔하게 발견돼요.

돌기해삼
크기 150mm 내외
인삼처럼 사포닌 성분이 들어 있어서 '바다에서 나는 삼'이라 불러요.

두토막눈썹참갯지렁이
크기 120mm 내외
가로로 줄지어 있는 2~3개의 이빨이 눈썹을 닮았어요.

 살펴보아요!

재생 능력이 뛰어난 불가사리

몸이 방사 대칭 모양인 불가사리는 성게, 해삼과 함께 극피동물에 속해요. 어민들의 주 수입원이 되는 조개를 마구 잡아먹어서 '바다의 해적'이라 불러요. 고민 끝에 어민들은 불가사리를 잘라서 죽이려 했지만 죽일 수 없었어요. 몸의 일부가 잘려 나간 불가사리는 잘린 몸에서 스스로 팔이 생겨나고, 잘려 나간 팔도 새로운 불가사리가 되니까요. 쉽게 죽일 수 없다는 뜻의 '불가살이(不可殺伊)'에서 유래된 이름처럼 불가사리는 재생 능력이 매우 탁월한 해양 생물이랍니다.

불가사리

관련 교과 2-1 여름 〈2. 초록이의 여름 여행〉 / 3-2 과학 〈2. 동물의 생활〉 / 5-2 과학 〈2. 생물과 환경〉

모래 해변을 날아다니는 바닷가 곤충

바닷가의 넓은 모래 해변에는 바닷가 곤충들이 활발하게 움직이며 살아요.
모래가 쌓인 사구에는 모래에 구멍을 뚫고 집을 만들어 사는 개미귀신을 볼 수 있어요.
한층 뜨거워진 모래 해변을 빠르게 기어 다니는 모래거저리와 집게벌레도 살지요.
바닷가에 피어 있는 예쁜 꽃에는 나비, 꽃등에, 벌도 날아와요.
바닷가를 거닐며 그곳에서만 발견되는 신기한 곤충을 찾아보세요.
어떤 염생 식물의 꽃에 어떤 곤충들이 모여드는지도 관찰해 보세요.

바닷가 동식물 등의 부패한 물질을 먹고 살아요.

민집게벌레
크기 18~22mm
바닷가의 바위나 자갈, 해안 사구의 돌 밑에서 볼 수 있어요.

모래거저리
크기 10~11mm
해안 사구에 핀 갯메꽃 군락에서 발견돼요.

바닷가의 갯벌과 염전에 살지만 숲이나 강변에도 살아요.

꼬마길앞잡이
크기 8~11mm
몸은 어두운 청록색이고 딱지날개에 가느다란 흰색 줄무늬가 있어요.

모래가 많이 쌓인 해안 사구에 깔때기 모양의 구멍을 파고 살아요.

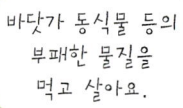

개미귀신
크기 10~12mm
모래 해변에 많이 살며 다 자라면 명주잠자리가 돼요.

별대모벌
크기 10~20mm
모래 해변을 날아다니며 거미를 마취시켜 사냥해요.

쉬파리
크기 7~13mm
바닷가의 물고기 사체나 썩은 물질에 모여들어요.

남해안의 섬, 제주도, 울릉도 등 해안의 상록활엽수림에서 볼 수 있어요.

청띠제비나비
크기 57~79mm
바닷가에 사는 제비나비로 날개 중앙에 푸른색 띠무늬가 있어요.

애벌레일 때는 나뭇가지처럼 생겼어요. 성충이 되면 불빛에 유인되어 날아와요.

줄점팔랑나비
크기 33~40mm
갯벌 주변에 핀 꽃에 모여들어 기다란 주둥이로 꿀을 빨아요.

가지나방
크기 30~40mm
갯메꽃의 잎사귀 위에 앉아 있어요.

노랑나비
크기 38~50mm
바닷가나 갯벌 주변을 활발하게 날아다녀요.

배짧은꽃등에
크기 10~13mm
모래 해변에 핀 꽃에 모여드는 배가 짧은 꽃등에예요.

새끼에게 먹이를 먹이기 위해 나비나 나방의 애벌레를 사냥해요.

두눈박이쌍살벌
크기 14~18mm
배마디에 있는 한 쌍의 노란색 점무늬가 두 눈처럼 보여요.

> 관련 교과 3-2 과학 〈2. 동물의 생활〉 / 5-2 과학 〈2. 생물과 환경〉

간척지 습지의 비행사 잠자리와 거미줄 치는 거미

바닷가 갯벌 옆 간척지 풀밭에는 물이 고인 연못과 웅덩이가 있어요.
애벌레 시절에 물속에 살았던 잠자리는 물이 고인 간척지 위를 날아다녀요.
하늘 위를 날아다니는 빨간 고추잠자리와 날쌘 왕잠자리를 찾아보세요.
간척지 풀밭에는 거미줄 치는 거미와 빠르게 움직이는 거미도 살고 있지요.
풀밭에서 거미가 먹이를 사냥하는 모습과 거미줄을 치는 모습을 관찰해 보세요.
거미줄에 어떤 곤충이 걸렸는지, 거미가 어떤 곤충을 사냥하는지도 살펴보세요.

고추잠자리
크기 44~50mm
짝짓기를 마치면 수생식물이 풍부한 간척지 습지에 알을 낳아요.

미성숙 수컷은 몸 색깔이 노란색이지만 성숙하면 청회색으로 변해요.

밀잠자리붙이
크기 42~48mm
넓은 간척지를 날아다니며 사냥해요.

나비잠자리
크기 36~42mm
나풀나풀 날아다니는 모습이 마치 나비가 날아다니는 것 같아요.

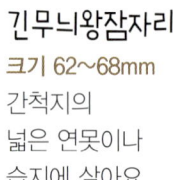

수컷은 성숙하면 제3~4배마디가 노란색에서 흰색으로 변해요.

노란허리잠자리
크기 40~46mm
하천이나 바닷가의 웅덩이 위를 날아다녀요.

비행 실력이 매우 뛰어나서 바닷가와 간척지 습지를 빠르게 날아다녀요.

긴무늬왕잠자리
크기 62~68mm
간척지의 넓은 연못이나 습지에 살아요.

64 여름

왕잠자리
크기 70~75mm
간척지의 웅덩이 위를 빠르게 날아다녀요.

> 배의 가로 줄무늬가 호랑이 무늬 같아요.

긴호랑거미
크기 20~25mm
간척지의 풀밭에 둥근 그물을 수직으로 치고 먹이를 사냥해요.

산왕거미
크기 15~30mm
둥근 그물을 치고 한쪽에 숨어 먹이가 걸려들기를 기다려요.

별늑대거미
크기 6~10mm
간척지 풀밭을 빠르게 돌아다니며 곤충을 잡아먹어요.

> 머리 앞쪽에 있는 흰색의 가로띠무늬가 눈썹 같아요.

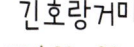

> 생김새가 바다에 사는 '꽃게'를 닮아서 이름이 지어졌어요.

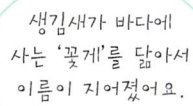

꽃게거미
크기 6~8mm
풀숲에 숨어 있다가 곤충을 잡아서 체액을 빨아 먹어요.

대륙게거미
크기 5~12mm
키 작은 나무나 풀밭에 숨어 있다가 접근하는 곤충을 잡아먹어요.

흰눈썹깡충거미
크기 5~8mm
토끼처럼 깡충깡충 뛰어다니며 곤충을 잡아먹어요.

살펴보아요!

바닷가의 진짜 고추잠자리

빨간색의 잠자리를 보통 고추잠자리라 불러요. 가을이 되어 붉게 익어 가는 고추밭에 날아온 잠자리를 고추잠자리라 부르지만 사실은 고추좀잠자리예요. 빨간색의 고추잠자리는 종류가 많거든요. '작다'라는 뜻의 '좀'이 붙어 이름이 지어진 고추좀잠자리는 진짜 고추잠자리에 비해 크기가 훨씬 작아요. 그리고 고추좀잠자리는 배 부분만 빨갛지만 고추잠자리는 머리부터 꼬리 끝까지 모두 빨개요. 특히 간척지의 습지나 강 하구의 기수역에는 고추좀잠자리보다 고추잠자리가 더 많이 살고 있답니다.

고추잠자리

고추좀잠자리

관련 교과 3-1 과학 〈3. 동물의 한살이〉 / 3-2 과학 〈2. 동물의 생활〉 / 5-2 과학 〈2. 생물과 환경〉

간척지 풀밭에 사는 딱정벌레와 노린재

간척지의 넓은 풀밭은 숲에 있는 풀밭 못지않게 매우 넓어요.
그래서 간척지 풀밭은 수많은 곤충이 살기 좋은 서식지랍니다.
풍뎅이, 무당벌레, 바구미, 노린재 등의 다양한 곤충들이 살고 있지요.
간척지 풀밭에서 풀 즙을 먹는 노린재를 찾아보세요.
염생 식물이 많이 자라는 건조한 땅을 기어가는 무녀길앞잡이도 발견해 보세요.
간척지 풀밭에 사는 곤충과 숲의 풀밭에 사는 곤충을 서로 비교해 보세요.

녹색콩풍뎅이
크기 9~12mm
머리와 앞가슴등판은
녹색이고 광택이 나요.

소나무무당벌레
크기 4.8~8mm
바닷가의 해송 주변에
사는 무당벌레예요.

긴점무당벌레
크기 7~8.5mm
몸은 적갈색이고 딱지날개에
길쭉한 흰색 무늬가 있어요.

> 산과 경작지에도
> 살지만 바닷가
> 풀밭에도 살아요.

> 길앞자리류 애벌레는
> 갯벌에 수직으로
> 원통형 구멍을 파고
> 갑각류, 거미류,
> 개미 등을 사냥해요.

흰띠길쭉바구미
크기 9~14mm
몸이 길쭉하고
흰색 털로 덮인
줄무늬가 있어요.

무녀길앞잡이
크기 11~15mm
서해안 섬 지역에서만
발견되는 육식성 곤충이에요.

> 강변에 흔히 살아서
> 이름이 지어졌지만
> 냇가나 바닷가에도
> 살아요.

강변거저리
크기 10~11mm
모래 해변이나
간척지 땅 위를
기어 다녀요.

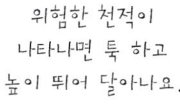

위험한 천적이 나타나면 툭 하고 높이 뛰어 달아나요.

갈잎거품벌레
크기 10mm 내외
바닷가의 버드나무류에 살아요.

등줄빨간긴노린재
크기 8mm 내외
붉은색 바탕에 검은색 무늬가 있어요.

비율빈침노린재
크기 14~19mm
앞다리 넓적다리마디가 굵게 발달된 육식성 노린재예요.

큰흰무늬노린재
크기 10~12mm
몸은 검은색이고 간척지 땅 위를 빠르게 기어 다녀요.

양털허리노린재
크기 7~9mm
건조한 간척지 풀밭에 살아요.

시화호, 김포 등 서해안 간척지에서 벼의 즙을 빨아 먹어 큰 피해를 일으켰어요.

흑다리긴노린재
크기 7~8mm
몸은 연갈색이며 벼과 식물의 즙을 빨아 먹어요.

관련 교과 3-1 과학 〈3. 동물의 한살이〉 / 3-2 과학 〈2. 동물의 생활〉 / 5-2 과학 〈2. 생물과 환경〉

바닷가 여름밤의 야행성 곤충

바닷가에 해가 뉘엿뉘엿 지면 파란 하늘이 붉은 노을로 아름답게 물들어요.
곧 캄캄한 어둠이 찾아오면 슬슬 밤에 활동하는 곤충들의 세상이 되지요.
야행성 곤충은 밤에 환하게 켜진 가로등이나 항구의 불빛에 유인되어 날아와요.
바닷가의 숲과 들판, 갯바위에서 불빛을 보고 곤충들이 모여들지요.
멀리 떨어진 바닷가 숲에서 날아온 사슴벌레와 하늘소, 풍뎅이와 무당벌레를 찾아보세요.
불빛을 향해 어지럽게 빙빙 돌며 날아오는 나방의 색깔과 무늬도 살펴보세요.

꽁무니를 물 위로
내밀어 공기 방울을
만드는 모습을 보고
'물방구'라 불러요.

꼬마길앞잡이
크기 8~11mm
길앞잡이 중 가장 흔하며
밤에 불빛에 유인되어 잘 날아와요.

꼬마줄물방개
크기 8~10mm
간척지의 웅덩이에서
수서곤충과 작은 물고기를
잡아먹고 살아요.

잿빛물방개
크기 12~16mm
바닷가의 웅덩이나 연못에서
작은 물고기와 올챙이 등을
잡아먹어요.

애벌레는 오리나무,
황철나무 등을
갉아 먹고 살아요.

버들하늘소
크기 32~60mm
바닷가의 가로등이나
음식점 불빛에 날아와요.

밝게 켜진 가로등이나
어촌의 불빛에 유인되어
날아와요.

열석점긴다리무당벌레
크기 5.5~6mm
바닷가 습지에 살다가
불빛에 날아들어요.

톱사슴벌레
크기 23~45mm
바닷가의 참나무류 숲에 살면서
나뭇진을 먹고 살아요.

바닷가의 나무에서 회백색 바탕에 흑갈색 무늬가 있는 고치를 발견할 수 있어요.

노랑쐐기나방
크기 24~35mm
날개 위쪽은 노란색이고 아래쪽은 갈색을 띠어요.

애벌레는 바닷가 소나무(해송)의 잎을 갉아 먹고 살아요.

녹색박각시
크기 62~81mm
아름다운 녹색 나방으로 애벌레는 느릅나무, 느티나무를 먹어요.

솔버짐나방
크기 36~55mm
앞날개에 검은색 물결무늬가 있으며 불빛에 잘 날아와요.

진방물벌레
크기 5.9mm 내외
바닷가와 간척지의 웅덩이에 살다가 불빛에 날아와요.

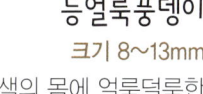

등얼룩풍뎅이
크기 8~13mm
황갈색의 몸에 얼룩덜룩한 점무늬가 많은 풍뎅이예요.

쌕쌔기
크기 14~20mm
바닷가 풀밭의 풀 줄기에 붙어서 '쌕~쌕~쌕~' 하고 작게 울어요.

몸이 가느다랗게 생겨서 북한에서는 '가는여치'라 불러요.

애여치
크기 16~24mm
습지, 강변, 바닷가 주변 풀밭에 사는 아기처럼 작은 여치예요.

바닷가에 사는 바닷새와 산새

드넓은 바닷가는 바닷새가 자유롭게 날아다니며 살아가기 좋은 곳이에요.
넓은 바다는 자유롭게 날아다니기도 좋고, 바다와 갯벌에는 먹잇감도 풍부하니까요.
바닷가에서 갈매기와 물떼새가 먹이를 찾아 활발하게 움직이는 모습이 보여요.
바닷가 주변에 있는 산촌과 어촌에는 산새들이 지저귀며 날아다니지요.
가장 흔하게 만날 수 있는 괭이갈매기와 종종걸음치는 물떼새를 찾아보세요.
바닷가 숲에서 날아와 지저귀는 산새도 발견해 보세요.

어류, 양서류, 연체동물, 곤충 등을 즐겨 먹고 살아요.

괭이갈매기
크기 47~52.5cm
항만의 배 주변을 맴돌며 먹이를 찾기도 해요.

괭이갈매기 어린 새
전체적으로 어두운 흑갈색을 띠어요.

괭이갈매기의 비행
모래 해변을 걷거나 하늘 위를 자유롭게 날아다녀요.

먹이를 찾을 때 걷거나 달리다가 멈춰 서서 몸을 위아래로 움직이는 버릇이 있어요.

좀도요
크기 15cm 내외
갯벌, 해안 모래톱, 하구, 염전, 논에서 볼 수 있으며 갯지렁이, 작은 무척추동물, 씨앗 등을 먹어요.

산에 사는 비둘기라 해서 '멧(山)비둘기'라 불러요.

멧비둘기
크기 31~34cm
바닷가 마을 주변, 농경지, 풀밭에 내려와 열매와 씨앗을 먹고 살아요.

직박구리
크기 27~30cm
바닷가 주변 숲의
나무 사이를 날아다니는
흔한 텃새예요.

제비
크기 15.5~18cm
바닷가 농경지, 하천에서 재빨리 날며
곤충을 잡아먹는 여름 철새예요.

> 최근 개체 수가 급격하게 줄어들고 있어요.

꼬마물떼새
크기 16cm 내외
바닷가에서 봄부터 초가을까지
관찰되는 여름 철새예요.

쇠박새
크기 12.5cm 내외
나뭇가지 위에
앉아서 식물의
열매를 먹고 살아요.

꿩
크기 85~95cm
바닷가 풀숲에 살고 겨울철에는
무리를 이루는 경우가 많아요.

> 놀랐을 때 '꿩~ 꿩~' 소리를 내며 하늘로 급히 날아올라요.

살펴보아요!

천연기념물 괭이갈매기 번식지

바닷가에서 흔하게 볼 수 있는 괭이갈매기는 물고기 떼가 있는 곳에 잘 모여서 어부들이 어장을 잘 찾도록 도움을 주는 고마운 갈매기예요. 특히 괭이갈매기 번식지는 학술적인 가치가 매우 높아서 천연기념물로 지정하여 보호하고 있지요. 서해안의 대표 번식지 태안 난도(천연기념물 334호), 남해안의 대표 번식지 통영 홍도(천연기념물 335호), 국내 최대 괭이갈매기 번식지인 옹진 신도(천연기념물 360호)와 영광 칠산도(천연기념물 389호)는 천연기념물로 지정하여 보호하고 있답니다.

괭이갈매기 무리

관련 교과 4-2 과학 〈1. 식물의 생활〉 / 3-2 과학 〈3. 지표의 변화〉 / 5-2 과학 〈2. 생물과 환경〉

갯벌에 무리 지어 자라는 염생 식물

갯벌의 갯가와 간척지는 무리 지어 자라는 염생 식물 세상이에요.
염생 식물은 소금기가 있어도 잘 살아가는 특별한 식물이지요.
갯가나 간척지에는 잎사귀가 퉁퉁한 퉁퉁마디와 해홍나물,
바늘 모양 잎이 뭉쳐나는 나문재와 군락을 이루는 칠면초도 자라고 있어요.
짠 바닷물이 들어와도 아랑곳하지 않고 살아가는 염생 식물을 찾아보세요.
그리고 바닷가에서만 볼 수 있는 신기한 염생 식물을 꼼꼼히 관찰해 보세요.

> 미네랄이 풍부하고 면역에 도움이 되어 '갯벌의 산삼'이라 불러요.

> 토양의 염분 농도가 높은 펄 갯벌, 혼합 갯벌, 간척지에 살아요.

퉁퉁마디
높이 10~30cm
어린 시기에는 연녹색이지만
가을이 되면 붉은색으로 변해요.

칠면초
높이 15~50cm
봄에는 녹색이지만 가을이 되면
붉은색이 되어 갯벌 전체를 물들여요.

> 다닥다닥 붙은 잎이 솔잎을 닮아서 '갯솔나물'이라 불러요.

나문재 어린 개체
어린 시기에는
소나무의 작은 가지와
비슷하게 생겼어요.

해홍나물
높이 30~50cm
녹색을 띠는 붉은색으로
건조하고 오래된 간척지에서
발견돼요.

나문재
높이 40~100cm
짧은 바늘 모양 잎이 빽빽이
뭉쳐나며 가을에는 붉게 변해요.

꽃은 노란색이고 꽃받침은 흰색이며, 꽃이 지면 꽃받침이 꽃처럼 보여요.

갯질경
높이 30~60cm
꽃대는 30~50cm로 매우 길게 자라며 많은 가지가 갈라져 나와요.

갯질경 어린 개체
어린잎은 붉은색이 강하며 연한 잎은 나물로 먹어요.

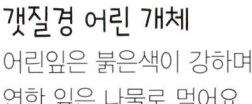

방석나물
높이 15~20cm
조간대 침수 지역이나 간척지에 자라며 땅에 방석 모양으로 퍼져요.

잎이 쑥이나 사철쑥과 달리 두툼하며 잘 부러져요.

큰비쑥
높이 30~50cm
갯벌의 만조선 부근에 자라는 두해살이풀이에요.

배를 만드는 재료로 이용되고, 줄기 껍질이 검어서 '흑송'이라 불러요.

해송
높이 20m 내외
해안 사구를 유지해 주는 효과가 있어서 보호하고 있어요.

관련 교과 4-2 과학 〈1. 식물의 생활〉 / 3-2 과학 〈3. 지표의 변화〉 / 5-2 과학 〈2. 생물과 환경〉

모래 갯벌과 간척지에 자라는 염생 식물

모래로 뒤덮인 모래 갯벌이나 모래 해변, 해안 사구에도 염생 식물이 자라고 있어요.
모래 해변을 거닐면서 바닷가에 핀 해당화와 갯메꽃을 발견해 보세요.
간척지 풀밭이나 염전 주변에도 특별한 바닷가 식물이 자라고 있어요.
갈대와 모새달, 사초와 사데풀이 무리 지어 자라고 있지요.
바닷가와 간척지에 자라는 특별한 염생 식물을 찾아보세요.
바람에 흔들리는 갈대와 억새를 찾아 서로 다른 점을 비교해 보세요.

꽃이 지면 붉은색의 굵고 둥근 열매가 달려요.

해당화
높이 1.5m 내외
붉은색과 흰색 꽃이 가지 끝에 1~3개씩 달려 피어요.

줄기와 잎이 가늘고 질겨서 지붕을 만들 때 사용했어요.

억새
높이 1~2m
간척지의 풀밭에 무리를 이루어 사는 '억센새풀'이에요.

동해안과 서해안의 해안 사구에 잘 자라며 간척지에서도 볼 수 있어요.

띠
높이 30~80cm
솜털 꽃이삭이 늦은 봄에 나오고, 꽃이 지면 바람에 흰색 솜털이 날아가요.

좀보리사초
높이 10~25cm
모래 해변에서 땅속줄기를 뻗어 무리 지어 자라요.

모새달
높이 80~120cm
꽃이삭이 옥수수와 비슷하고, 강 하구와 간척지에 자라요.

토양의 유실을 막고 육지에서 유입되는 오염 물질을 정화해 줘요.

갈대
높이 1~3m
간척지의 습지, 갯벌의 만조선 부근, 기수역에 살아요.

산조풀
높이 60~150cm
간척지와 해안 사구에 무리를 이루며 자라요.

꼬마부들
높이 80~150cm
바람에 부들부들 흔들리는 부들류 중 가장 작은 부들이에요.

사데풀
높이 30~100cm
간척지나 폐염전에 무리 지어 자라며 여름에 노란색 꽃이 피어요.

갯메꽃
높이 10~30cm
연분홍색에 흰색 세로줄무늬가 있는 나팔꽃 모양 꽃이 5~6월에 피어요.

애기부들
높이 1.2~2m
하천이나 습지에 잘 자라며 소금기가 있는 염습지에도 자라요.

 살펴보아요!

바닷가의 갯메꽃과 들판의 메꽃

깔때기 모양의 꽃이 피는 식물이 바닷가와 육지에 모두 자라고 있어요. 그러나 모래 해변에 피는 염생 식물 갯메꽃과 들판의 길가에 피는 메꽃은 서로 다른 식물이지요. 깔때기 모양의 꽃에 흰색 세로줄무늬가 없으면 메꽃, 5개의 흰색 세로줄무늬가 선명하면 갯메꽃이에요. 모래 해변과 들판의 길가에서 갯메꽃과 메꽃을 찾아 서로 비교해 보세요. 그리고 갯메꽃과 메꽃에 어떤 곤충이 날아오는지도 살펴보세요.

갯메꽃

메꽃

바닷가 마을에 자라는 식물

관련 교과 4-2 과학 〈1. 식물의 생활〉 / 3-2 과학 〈3. 지표의 변화〉 / 5-2 과학 〈2. 생물과 환경〉 / 6-1 과학 〈4. 식물의 구조와 기능〉

바닷가 마을에는 산촌처럼 각양각색의 풀꽃과 농작물이 자라고 있어요.
마을 주변에는 예쁘고 작은 풀꽃이 하나둘 피어 있네요.
밭에는 농작물이 쑥쑥 자라고 열매가 주렁주렁 열렸어요.
마을에는 포도송이가 알알이 열린 포도밭이 있고, 드넓은 논에는 벼가 자라고 있지요.
바닷가 마을 주변에서 예쁘게 핀 풀꽃을 찾아보세요.
주렁주렁 열린 농작물 열매와 넓은 논밭도 살펴보세요.

망초
높이 50~150cm
어촌이나 농촌 지역의 산과 들,
마을 주변에 잘 자라는
귀화 식물이에요.

꽃 모양이 접시처럼 납작하게 생겼어요.

접시꽃
높이 2.5m 내외
붉은색, 분홍색, 흰색의
커다란 꽃이 피며
마을의 길가, 담장에
잘 자라요.

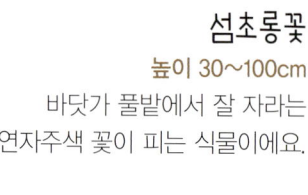

섬초롱꽃
높이 30~100cm
바닷가 풀밭에서 잘 자라는
연자주색 꽃이 피는 식물이에요.

개양귀비
높이 30~80cm
꽃이 예뻐서 바닷가 마을의
울타리나 화분에 심는
원예 식물이에요.

열매가 익을 때 황금색을 띠고, 강아지풀처럼 고개를 숙이지 않아요.

금강아지풀
높이 20~50cm
바닷가의 모래와
자갈이 섞인 건조한
간척지에 많이 자라요.

다닥냉이
높이 30~60cm
마을 주변의 건조한 땅에서 잘 자라요.

'포도' 또는 '포도덩굴'이라 부르며 포도주, 주스, 통조림, 건포도 등으로 이용해요.

볏짚은 가축의 사료로 이용되고, 옛날에는 짚신도 만들었어요.

포도나무
높이 3m 내외
바람이 선선하고 열대야가 없는 서해안 바닷가에서 많이 재배해요.

벼
높이 80~120cm
바닷가 마을에서는 쌀을 수확하기 위해 논에 벼를 심어요.

가지
높이 60~100cm
뜨거운 빛을 좋아하는 작물로 습기가 있는 마을의 밭에서 길러요.

토마토
높이 1~2m
물이 잘 빠지고 햇볕을 잘 받는 밭에서 길러요.

1600년대 초 임진왜란 이후에 일본에서 들어와서 재배하기 시작했어요.

고추
높이 60~90cm
따뜻한 날씨를 좋아하는 열대성 작물로 바닷가 마을의 밭에 많이 심어요.

잡곡밥, 수수팥떡, 부꾸미, 수수차, 수수 국수 등에 이용해요.

수수
높이 1.5~3m
바닷가처럼 기름지지 못한 땅이나 건조한 땅에서도 잘 자라요.

가을과 겨울이 오면

울긋불긋 염생 식물이 붉게 물들고 갯벌의
바닷가 생물은 활기차게 바닷가를 누벼요.
망둑어는 갯벌 위에서 폴짝폴짝 뛰고,
간척지 풀밭에는 바닷가 곤충이 바글거려요.
눈보라 치는 겨울이 와도 추위에 강한
겨울 철새는 바닷가를 힘차게 날아다녀요.
아름다운 가을과 차디찬 겨울을
행복하게 지내는 바닷가 생물을
만나러 떠나 볼까요?

가을을 대표하는 노란색 들국화 감국이에요.

바닷가 하늘 위에는 갈매기가
무리 지어 날아다녀요.

가을·겨울

겨울에도 물고기가 많구나!

관련 교과 3-2 과학 〈2. 동물의 생활〉 / 5-2 과학 〈2. 생물과 환경〉

튼튼한 집게다리를 자랑하는 게

오곡백과가 무르익는 가을이 되면 뜨거웠던 햇살이 누그러져요.
환한 햇살이 비추는 질퍽한 갯벌에는 구멍이 뽕뽕 뚫려 있네요.
구멍에서 나온 농게가 우람한 한쪽 집게다리를 높이 들어 사랑의 신호를 보내요.
그러나 인기척을 느끼고 잔뜩 긴장해서 구멍 속으로 쏙 숨어 버렸어요.
다채로운 게들이 어떤 집을 만들고 생활하는지 게집을 찾아보세요.
양쪽 집게다리를 벌리고 다리 길이를 비교하며 영역 싸움하는 길게도 살펴보세요.

> 큰 집게다리를 잃은 수컷은 반대쪽 작은 집게다리가 큰 집게다리가 되고, 잃어버린 집게다리에는 작은 집게다리가 새롭게 생겨나요.

농게
크기 32mm 내외
큰 집게다리를 올렸다 내렸다 하는 모습이 '바이올린 연주자' 같아요.

> 수컷은 굴 입구에 야외 음악당 모양의 반구형 흙더미를 쌓아 사랑을 표현해요.

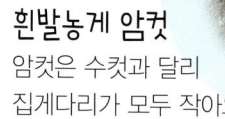

흰발농게 수컷
크기 15mm 내외
수컷은 집게다리를 힘차게 위아래로 흔들며 암컷을 유혹해요.

흰발농게 암컷
암컷은 수컷과 달리 집게다리가 모두 작아요.

사각게
크기 17.2~24mm
서해안과 남해안에 사는 사각형의 게예요.

> 집게다리의 힘이 세서 단단한 고둥과 조개도 잡아먹어요.

붉은발사각게
크기 25mm 내외
등딱지는 사각형이고, 집게다리 끝은 붉은색이에요.

갈게
크기 28mm 내외
간척지나 염전에 많이 살며 갯벌에 쌓인 유기 물질을 걸러 먹어요.

> 네 종류의 방게류 중 가장 크며 '방게'와 가장 많이 닮았어요.

방게
크기 32mm 내외
딱딱한 진흙 바닥에 구멍을 파고 살며 인기척이 느껴지면 구멍으로 숨어요.

> 집게다리가 암컷보다 수컷이 훨씬 크며 맛이 좋아서 식용으로 이용돼요.

무늬발게
크기 32mm 내외
바위나 돌 밑에 살며 납작게, 풀게와 비슷하게 생겼어요.

> 갯바위의 조수 웅덩이에서 먹이를 찾다가 말미잘에게 잘 잡아먹혀요.

풀게
크기 27mm 내외
튼튼한 집게다리로 싸움을 잘하며 색깔과 무늬가 매우 다양해요.

살펴보아요!

집게다리 흔드는 멸종위기종 흰발농게

커다란 흰색 집게다리를 들고 다니는 흰발농게는 '바이올린 연주자'처럼 보여요. 가끔 흰 집게다리를 올렸다 내렸다 하는 행동을 해서 전남 무안 지역에서는 '상여게'라 부르지요. 전통 장례식에서 시신을 운반하는 상여의 요령잡이가 큰 방울을 흔드는 모습 같거든요. 흰발농게는 갯벌에서도 육지와 가까운 조간대의 가장 위쪽에 살아서 갯벌 매립과 같은 연안 개발에 영향을 많이 받아요. 간척 사업 등의 개발로 서식지가 크게 훼손되어 환경부 멸종위기 야생생물 II급으로 지정하여 보호하고 있답니다.

집게다리가 커다란 흰발농게

관련 교과 3-2 과학 〈2. 동물의 생활〉 / 3-2 과학 〈3. 지표의 변화〉 / 5-2 과학 〈2. 생물과 환경〉

갯벌에 사는 딱딱한 껍데기의 갑각류

진흙으로 가득한 펄 갯벌에는 크기가 매우 작은 게와 갑각류가 바글거려요.
등딱지와 다리에 털이 많은 세스랑게가 갯벌의 흙을 먹고 있네요.
빈 고둥 속에 몸을 숨기고 살아가는 집게가 활기차게 움직이고 있어요.
조간대에는 따개비, 긴발줄새우, 갯쥐머느리 같은 특이한 이름의 갑각류가 살아요.
갯벌에 구멍을 파고 사는 작은 콩게와 세스랑게를 찾아보세요.
깜짝 놀라면 재빨리 구멍 속으로 숨는 게와 집게도 관찰해 보세요.

> 갯벌의 유기 물질을
> 먹고 살며 집 위로
> 뾰족한 탑을 쌓아요.

세스랑게
크기 25mm 내외
납작한 육각형의 등딱지와 다리에 털이 북슬북슬해요.

털콩게
크기 10mm 내외
펄 갯벌에 구멍을 파고 살며
울퉁불퉁한 등딱지에 짧은 털이 있어요.

펄콩게
크기 8.5mm 내외
갯벌에 굴을 파고 사는
긴 사각형 모양의 작은 게예요.

고랑따개비
크기 10~20mm
방사형 줄무늬가 있고 바위 표면이나
조수 웅덩이에 살아요.

조무래기따개비
크기 5~12mm
바위 표면을 덮고 있어요.
원뿔 모양 껍데기는 회백색이에요.

오른쪽 집게다리가
왼쪽보다 훨씬
더 크고 길어요.

납작손참집게
크기 15mm 내외
모래나 자갈 갯벌에 살아요.
빈 고둥(대수리) 껍데기 속에 몸을 숨겨요.

집을 옮길 때는
포식자에게 매우
위험해서 밤이나 구석진
곳에서 이루어져요.

검은털손참집게
크기 7mm 내외
몸은 갈색이고
개울타리고둥 껍데기 속에
몸을 숨기고 살아요.

집게와 고둥 집
단단한 고둥 껍데기 속에 살다가
몸이 크면 더 큰 고둥 껍데기로 옮겨요.

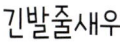

긴발줄새우
크기 19mm 내외
얕은 바다, 강 하구,
조간대 바위에 살며
낚시 미끼로 이용돼요.

위험을 느끼면
몸을 둥글게 굽히지만
공벌레처럼 공 모양이
되진 않아요.

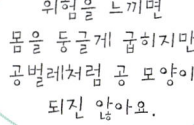

갯쥐며느리
크기 10mm 내외
펄과 자갈이 많은 혼합 갯벌의
바위 밑에 살며 해조류를 먹고 살아요.

관련 교과 3-2 과학 〈2. 동물의 생활〉 / 5-2 과학 〈2. 생물과 환경〉

껍데기 두 장과 도끼 모양의 발을 가진 조개

펄 갯벌과 모래 갯벌은 갯벌에 사는 연체동물에게 매우 소중한 보금자리예요.
조개, 굴, 홍합, 가리비 등의 조개류는 모두 갯벌에서만 살 수 있으니까요.
조개류는 어촌 사람들에게도 매우 중요해요. 그것을 팔아 생활하는 어민이 많거든요.
영양이 풍부한 조개와 홍합, 굴, 가리비는 인기 있는 수산물이에요.
조개와 홍합, 굴과 가리비가 어떻게 식용으로 쓰이는지 알아보세요.
껍데기는 두 장이고, 도끼 모양의 발이 달린 다양한 조개류를 찾아보세요.

영양이 풍부하면 암컷이 되지만 부족하면 수컷이 돼요.

갈색고랑조개
크기 36mm 내외
모래나 작은 돌이 많은
진흙 바닥에 살아요.

동해이랑조개
크기 32mm 내외
바닷속 모래나 진흙 바닥에 살아요.

굴
크기 30~85mm
바위나 자갈에 달라붙어서
플랑크톤을 걸러 먹어요.

바지락
크기 40mm 내외
갯벌의 흙을 밟을 때
'바지락바지락' 소리가
나서 이름이 지어졌어요.

살이 붉은색이어서 '홍합' 또는 '참담치'라 부르며, 식용으로 이용해요.

홍합
크기 140mm 내외
바위에 붙어 살며
족사(발에서 나오는 실)를
이용해서 돌에 달라붙어요.

가을·겨울

껍데기가 황갈색이어서 '노랑조개', 낙동강 하구 명지에 많아 '명주조개'라 불러요.

개량조개
크기 86~90mm
모래와 진흙이 섞인 갯벌에 살며 맛이 좋아서 삶아 먹거나 구워 먹어요.

가리비
크기 50~150mm
위험을 느끼면 껍데기를 여닫으며 분출되는 물의 반작용으로 헤엄쳐요.

퇴조개
크기 15mm 내외
껍데기는 얇지만 단단하고 타원형이며 황갈색이에요.

떡조개
크기 70mm 내외
서해안과 남해안 모래 갯벌에 주로 살며 다른 조개처럼 유기 물질을 걸러 먹어요.

갈색새알조개
크기 15mm 내외
크기가 작고 껍데기는 황갈색이며 성장선이 뚜렷하게 보여요.

살펴보아요!

무늬가 다양한 바지락

'바지락 칼국수' 재료로 인기 좋은 바지락은 서해안에서 양식을 많이 하는 조개로 '반지락'이라고도 불러요. 모래 갯벌과 펄 갯벌에 살며 껍데기에는 가로줄무늬와 세로줄무늬가 교차하며 거친 편이지요. 4~8cm 깊이의 흙 속으로 파고들어 가 퇴적물 표면에 입수관을 열어 놓고 유기 물질을 걸러 먹지요. 바지락이 갯벌의 유기 물질을 먹다 보면 바닷물이 걸러져서 깨끗하게 된답니다. 그러나 무분별한 개발과 환경 오염으로 바지락 같은 조개류가 점점 줄어들어 바다는 급속도로 오염되고 있어요.

바지락

관련 교과 3-2 과학 〈2. 동물의 생활〉 / 3-2 과학 〈3. 지표의 변화〉 / 5-2 과학 〈2. 생물과 환경〉 / 5-2 과학 〈3. 날씨와 우리 생활〉 / 6-2 과학 〈2. 계절의 변화〉

조간대의 바위와 갯벌에 사는 고둥

바닷가에는 나선 모양의 단단한 석회질 껍데기를 가진 고둥이 많이 살아요.
조간대의 바위와 갯벌에는 여러 종류의 고둥이 무리 지어 있어요.
바위나 돌에 붙어 있는 해조류나 유기 물질을 먹고 사는 고둥이 있는가 하면
육식성 고둥은 조개, 따개비, 다른 고둥을 잡아먹고 살아요.
갯바위나 자갈 틈에 모여 있는 여러 모양의 고둥을 관찰해 보세요.
사체에 모여들어 먹어 치우는 육식성 고둥도 찾아 보세요.

고둥, 굴, 진주담치, 따개비 등에 구멍을 뚫어 치설로 빨아 먹어요.

게, 조개 등의 사체를 발견하면 수십 마리가 모여들어 먹어 치워요.

대수리
크기 25mm 내외
바위틈이나 조수 웅덩이에
무리 지어 사는 육식성 고둥이에요.

왕좁쌀무늬고둥
크기 10mm 내외
좁쌀 모양의 돌기가 있는 고둥으로
'갯벌의 청소부'라 불러요.

넓은 발로 모래 갯벌을 헤집고 다니며 조개를 잡아먹어 양식장에 피해를 줘요.

갯고둥
크기 30mm 내외
민물이 들어오는 펄 갯벌에
무리 지어 살아요.

큰구슬우렁이
크기 70mm 내외
연한 황갈색 껍데기는 단단하고
반질거리며 입구가 상당히 커요.

갈고둥
크기 10mm 내외
검은색 바탕에 황갈색 물결무늬가 있는
껍데기는 매끄럽고 광택이 나요.

큰입술갈고둥
크기 26mm 내외
생김새가 갈고둥과 닮았으며
4개의 나선 모양 층이 있고,
노란색 바탕에 검은색 점무늬가 있어요.

> 라틴어 'Litora(해변)'에서 유래되어 속명 'Littorina'가 붙었어요.

총알고둥
크기 10mm 내외
건조함과 열에 약한 어린 개체는
바위틈 가장 아래쪽에서 살아요.

> 총알고둥, 큰총알고둥, 개울타리고둥 등이 무리 지어 있어요.

총알고둥 무리
바닷가의 바위나
자갈 틈에 무리 지어
붙어 있어요.

> 껍데기는 두껍고 매끈하며 색깔과 무늬가 다양하고 아름다워요.

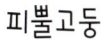

보리무륵
크기 14mm 내외
바위와 돌 틈에 사는
고둥으로 물고기의 사체에
떼로 몰려들어요.

피뿔고둥
크기 150mm 내외
'피'가 붉고 '뿔' 모양의
돌기가 많은 고둥이에요.

관련 교과 2-2 겨울 〈2. 겨울 탐정대의 친구 찾기〉 / 3-2 과학 〈2. 동물의 생활〉 / 5-2 과학 〈2. 생물과 환경〉

갯벌의 무척추동물과 폴짝 뛰는 망둑어

바닷가 갯벌에서는 신기한 해양 무척추동물과 물고기도 만날 수 있어요.
털로 덮여 있는 갯지렁이는 갯벌이 깨끗해지도록 유기 물질을 먹으며 구멍을 뚫고 살아요.
말미잘과 불가사리는 다른 해양 생물을 잡아먹고 살지요.
갯벌에 사는 망둑어는 헤엄치지 않고 갯벌 위를 뛰어다니며 살아요.
신기한 해양 무척추동물이 갯벌에서 무엇을 하는지 살펴보세요.
갯벌 위를 토끼처럼 껑충껑충 뛰고 있는 망둑어를 관찰해 보세요.

> 갯지렁이 중 일부가 육지로 가서 지렁이가 되고, 민물로 가서 거머리가 되었어요.

> 산란기인 6~7월이 되면 수컷이 등지느러미를 펴고 점프하며 암컷을 유인해요.

두토막눈썹참갯지렁이
크기 120mm 내외
위험을 느끼면 재빨리 갯벌에 숨어요.
낚시 미끼로 쓰여요.

짱뚱어
크기 150~200mm
몸에 흰색 점이 흩어져 있고 갯벌을 기어 다니며 공기 호흡을 해요.

멍게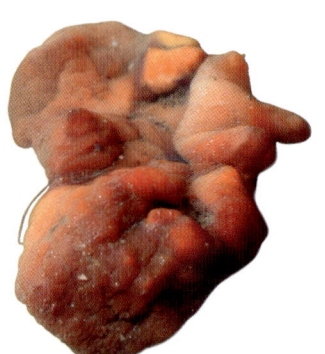
크기 100~180mm
우툴두툴한 돌기가 있으며
해산물로 인기가 높아
양식을 해요.

> 뒤집혀도 관족을 이용해서 순식간에 자세를 회복해요.

별불가사리
크기 50~70mm
군부, 고둥이나 죽은
해양 생물을 잡아먹어
해양 오염을 막아 줘요.

짧은가시거미불가사리
크기 80mm 내외
납작벌레, 갑각류, 고둥류,
부패한 물고기를 먹고 살아요.

> 지느러미로 갯벌을 뛰며 곤충, 갑각류, 갯지렁이를 잡아먹어요.

말뚝망둥어
크기 100mm 내외
두 눈이 불룩 튀어나왔고
나무 말뚝에도 잘 올라가요.

> 암컷이 접근하면 수컷은 '구구' 소리를 내고 지그재그 춤을 추며 사랑 고백을 해요.

두줄망둑
크기 100mm 내외
연갈색 바탕에 2개의
세로줄무늬가 있어요.

검정망둑
크기 80~100mm
바위나 돌이 많은 곳에서
해조류, 무척추동물, 작은 물고기를
먹고 살아요. 14cm까지
자라기도 해요.

갈문망둑
크기 70~90mm
하천 하류와 기수역에 살면서
수서곤충과 미생물, 물고기 알을 먹어요.

> 손으로 살짝 만지면 머금고 있던 물을 뿜어내며 더 오그라들어요.

담황줄말미잘
크기 15mm 내외
흑갈색의 몸통에 주황색 세로줄무늬가
있는 모습이 꽃처럼 보여요.

민물두줄망둑
크기 100mm 내외
강 하구의 갯벌,
기수역 등에서 갑각류,
갯지렁이를 먹고 살아요.

살펴보아요!

굴을 파는 갯벌 생물

갯벌 생물은 갈매기와 도요새 같은 천적으로부터 살아남거나 건조함과 온도 변화를 이겨 내기 위해 굴을 파고 사는 경우가 많아요. 짱뚱어와 잠방게는 Y자형, 개불과 미갑갯지렁이는 U자형, 조개류와 꽃갯지렁이는 I자형, 달랑게와 칠게는 J자형 굴을 파고 안전하게 생활해요. 굴은 갯벌 생물의 안전하고 소중한 보금자리가 되며 신선한 공기와 물을 전달해 갯벌이 썩지 않고 유지되는 데 큰 도움이 된답니다.

짱뚱어 - Y자형

개불 - U자형

조개류 - I자형

달랑게 - J자형

간척지 풀밭에 사는 가을 곤충

가을이 되면 바닷가 간척지 풀밭에는 숲에서 찾을 수 없었던 메뚜기가 뛰어다녀요.
발톱메뚜기와 청분홍메뚜기는 건조한 간척지 풀밭에 사는 가을 곤충이에요.
간척지의 풀밭에는 귀뚜라미와 여치의 울음소리가 가득해요.
풀밭에는 풀 즙을 빨아 먹는 노린재, 방패멸구, 상투벌레도 볼 수 있지요.
다른 곤충을 잡아먹는 곤충계 최고의 육식성 곤충인 사마귀를 찾아보세요.
다양한 곤충의 훌륭한 서식지인 간척지에 사는 곤충을 만나 보세요.

발톱메뚜기
크기 21~35mm
갈색에 검은색 점무늬가 흩어져 있어
간척지 색깔과 비슷해요.

청분홍메뚜기
크기 26~39mm
바닷가, 간척지, 강변, 경작지 등
건조한 풀밭에 살아요.

바닷가, 염전, 습지에 사는 메뚜기로 색깔이 다양해요.

섬서구메뚜기
크기 23~47mm
간척지에 자라는
염생 식물의 색깔과
비슷한 분홍색의
보호색을 띠어요.

몸은 녹색을 띠지만 갈색, 분홍색, 회색 등 색깔이 다양해요.

땅딸보메뚜기
크기 17~34mm
바닷가의 건조한
풀밭에 사는
땅딸막한 메뚜기예요.

새왕귀뚜라미
크기 16~20mm
바닷가와 산지의 풀밭에 살고
광택이 있는 진한
검은색이에요.

왕귀뚜라미와 비슷하지만 겹눈 위의 흰색 띠무늬가 짧아요.

긴날개여치
크기 28~38mm
섬, 바닷가, 강변, 계곡 등 물가 근처의 풀숲에 살아요.

여치와 비슷해 보이지만 날개 길이가 몸길이보다 훨씬 더 길어요.

어리민반날개긴노린재
크기 2~4mm
간척지의 습지에 자라는 줄, 갈대, 달뿌리풀 등에 살아요.

날개가 짧은 단시형과 날개가 긴 장시형이 있어요.

운계방패멸구
크기 9~10mm
간척지 풀밭의 억새류에서 볼 수 있어요.

톱다리개미허리노린재
크기 14~17mm
간척지 풀밭에 자라는 칡덩굴에서 흔히 관찰돼요.

벼과, 콩과 식물을 좋아하고, 뒷다리 넓적다리마디에 톱니 모양 돌기가 있어요.

상투벌레
크기 12~14mm
머리가 뾰족해서 상투를 쓴 것 같아요.

항라사마귀
크기 50~65mm
바닷가 간척지의 풀밭에 살지만 숫자가 적어서 보기 힘들어요.

날개가 명주나 모시로 짠 여름 옷감(항라)처럼 고와서 이름이 지어졌어요.

금파리
크기 6~12mm
바닷가의 풀잎에 앉아 있거나 동물의 사체나 배설물에 모여들어요.

사마귀
크기 65~90mm
왕사마귀보다 홀쭉하며 넓은 간척지의 풀밭에 살아요.

옛날에는 이름을 '당랑'이라 불러서 사마귀 권법을 '당랑권'이라 불러요.

관련 교과 3-2 과학 〈2. 동물의 생활〉 / 5-2 과학 〈2. 생물과 환경〉

바닷가에 핀 꽃에 날아오는 곤충

바닷가에도 예쁜 풀꽃과 나무꽃이 가득 피어요.
달콤한 꿀과 꽃가루를 좋아하는 곤충들이 예쁜 바닷가 꽃에 모여들었네요.
알록달록 예쁜 나비는 기다란 주둥이를 내어 꿀을 빨아 먹어요.
꽃등에는 꽃가루를 핥아 먹고 벌은 꿀과 꽃가루를 모으느라 바쁘게 날아다녀요.
바닷가에 핀 여러 꽃을 찾아다니면 꽃과 함께 곤충도 발견할 수 있어요.
예쁜 꽃에 모여든 알록달록 다양한 곤충을 찾아보세요.

> 날개에 있는 줄무늬가 호랑이 무늬를 닮았어요.

호랑나비
크기 56~97mm
간척지 풀밭을 날아다니며 민들레, 참나리, 코스모스 등의 꿀을 빨아요.

작은멋쟁이나비
크기 43~59mm
코스모스와 국화꽃에 날아와 꿀을 빨아요.

꼬마꽃등에
크기 8~9mm
바닷가에 핀 꽃을 찾아다니는 크기가 작은 꽃등에예요.

> 애벌레가 참억새, 강아지풀, 벼 등을 먹고 살아요.

> 제비나비류는 우리나라 나비류 중 크기가 가장 커요.

제비나비
크기 85~120mm
기다란 꼬리돌기가 제비 꼬리와 닮았어요.

줄점팔랑나비
크기 33~40mm
간척지에 핀 여러 꽃에 모여 꿀을 빨아요.

왕자팔랑나비
크기 33~38mm
바닷가 주변
풀잎이나 나뭇잎에
잘 앉아 있어요.

정지 비행하면서
꿀을 빠는 모습이
'벌새'를 닮았어요.

애벌레는 담배,
감자, 목화, 콩, 녹두,
땅콩, 토마토, 감귤을
먹고 살아요.

벌꼬리박각시
크기 50mm 내외
꽃을 찾아서 꿀을 빠는 낮에 활동하는 나방이에요.

왕담배나방
크기 36mm 내외
앞날개는 황갈색을 띠며
콩팥 무늬가 있고
꽃에 잘 날아와요.

작은주홍부전나비
크기 26~34mm
간척지 풀밭 사이를 나풀나풀
날아다니는 작은 나비예요.

꽃등에
크기 14~16mm
몸은 통통하고 여러 종류의
꽃에 모여 꽃가루를 핥아 먹어요.

바닷가에 핀
다양한 꽃에
모여들어요.

별쌍살벌
크기 11~17mm
몸은 검은색이고 등쪽에 있는
노란색 점무늬가 별처럼 많아요.

황띠배벌
크기 13~27mm
몸은 검은색이고 배마디에
노란색 띠무늬가 있는 벌이에요.

관련 교과 4-2 과학 〈1. 식물의 생활〉 / 5-2 과학 〈2. 생물과 환경〉 / 6-1 과학 〈4. 식물의 구조와 기능〉

모래 해변에 사는 곤충과 염생 식물

모래 해변에서는 바닷가에 사는 곤충과 염생 식물을 함께 만나 볼 수 있어요.
바닷가 곤충은 모래 해변이나 해안 사구의 돌 밑이나 모래 속에서 발견할 수 있지요.
염생 식물은 찾지 않아도 보일 정도로 바닷가에 많이 자라고 있어요.
바닷가를 천천히 걸으며 바닷가와 비슷한 보호색을 띠는 바닷가 곤충을 찾아보세요.
염생 식물에 어떤 곤충이 숨어 있는지도 자세히 관찰해 보세요.
모래 속을 파고들며 살아가는 개미귀신의 생태도 탐구해 보세요.

개미귀신
크기 10~12mm
모래 해변이나 해안 사구의
모래에 깔때기 모양의 굴을
파고 살아요.

큰무늬길앞잡이
크기 15~18mm
몸은 검은색이고 구릿빛 광택이
나며 다리가 매우 길어요.

모래거저리붙이
크기 4~5mm
바닷가의 넓은 모래가 있는
해수욕장이나 해안 사구에 살아요.

> 몸 색깔이 모래와 비슷해서 천적으로부터 자신을 지켜요.

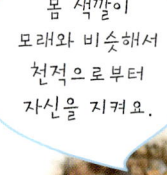

바닷가거저리
크기 5mm 내외
모래 해변이나
해안 사구에 살아요.

민집게벌레
크기 18~22mm
해안 사구의 돌 밑이나
파손된 배와 어구 밑에 살아요.

> '황충' 또는 '누리'라 불리며, 대발생하면 농작물에 큰 피해를 일으켜요.

풀무치
크기 43~85mm
산과 들, 하천에도 살지만
서해안 섬 지역에도 살아요.

산에 피는 '산국'과 달리 바닷가에 흔하게 자라요.

모래 해변에서 옆으로 자라면서 뿌리가 내려 군락을 형성해요.

순비기나무
높이 30~70cm
잎 뒷면은 은백색이고 보라색 꽃이 피며 둥근 열매가 달려요.

감국
높이 60~90cm
바닷가에 흔하게 자라는 가을을 대표하는 노란색 들국화예요.

갯메꽃
높이 10~30cm
줄기가 모래 위를 뻗다가 다른 식물이나 물체를 감고 올라가며 자라요.

갯쇠보리
높이 30~80cm
해안 사구나 모래 해변에 무리 지어 자라요.

해당화
높이 1.5m 내외
잎은 작고 타원형이며 가장자리에 톱니가 있어요.

꽃은 향수 원료, 열매는 약, 뿌리는 당뇨병 치료제로 사용돼요.

 살펴보아요!

신두리 해안 사구는 개미귀신 세상

바닷가를 따라 펼쳐진 태안 신두리 해안 사구는 우리나라에서 가장 규모가 큰 해안 사구로 천연기념물 431호로 지정된 곳이에요. 육지와 해안을 연결해 주는 해안 사구는 개미귀신의 세상이지요. 넓은 모래 해변에 깔때기 모양의 굴을 파고 사는 개미귀신은 주변에 기어 다니는 개미를 잡아먹으며 무럭무럭 자라요. 다 자라서 어른이 되면 애벌레 때의 모습은 온데간데없고 멋진 날개가 달린 명주잠자리가 된답니다.

신두리 해안 사구

개미귀신

명주잠자리

관련 교과 4-2 과학 〈1. 식물의 생활〉 / 5-2 과학 〈2. 생물과 환경〉 / 6-1 과학 〈4. 식물의 구조와 기능〉

바닷가의 염생 식물과 바닷가 마을의 식물

가을이 되면 바닷가에 자라는 염생 식물의 색이 붉게 변해요.
갯벌이나 바닷가의 지채 군락도 붉게 변하고 칠면초와 해홍나물도 더 붉어져요.
바닷가 주변에는 사람들이 보기 위해 심은 코스모스가 하늘거리고,
쌀을 수확하기 위해 심어 놓은 논도 누렇게 익어갑니다.
남부 지방에는 열대나 아열대 지역에 잘 자라는 야자수와 대나무도 많이 보이지요.
바닷가에 자라는 염생 식물과 바닷가 마을의 가을 식물을 관찰해 보세요.

갈대
높이 1~3m
가을에 이삭이 익으면 흰 솜이 붙은 솜털 같아 보이고, 바람에 잘 날아가요.

땅속 깊이 뿌리를 내리고 옆으로 퍼지면서, 넓게 무리 지어 갈대밭을 이루어요.

지채
높이 15~20cm
염분 농도가 높은 조간대 침수 지역이나 습한 간척지에 뭉쳐 자라요.

길쭉한 잎과 수염뿌리를 가졌고 8~9월에 자주색을 띤 녹색 꽃이 피어요.

갯질경
높이 30~60cm
갯벌의 바닷물이 들어오지 않는 곳이나 둑 근처에 살아요.

나물로 먹기도 하고 해열 효과가 있어 약재로도 쓰여요.

칠면초
높이 15~50cm
잎은 통통한 바늘 모양이며 해홍나물과 닮았어요.

해홍나물
높이 30~50cm
갯벌, 간척지, 기수역 등에 살며 가을이 되면 붉게 바뀌어요.

사데풀
높이 30~100cm
잎이 민들레와 닮았지만 위로 뻗으며 자라는 점이 달라요.

> 밥을 지어 먹는 쌀이 열리는 농작물이에요.

벼
높이 80~120cm
간척지의 땅이나 바닷가 마을에 벼를 기르는 논농사를 많이 지어요.

> 조리, 부채, 붓, 대금 등의 죽 제품을 만들며 '대' 또는 '죽(竹)'이라 불러요.

왕대(대나무)
높이 20m 내외
습기가 많은 남부 지방과 제주도에 많이 자라는 진짜 대나무예요.

> 북아메리카, 아프리카, 아시아의 열대나 아열대 지역이 원산지예요.

코스모스
높이 1~2m
마을 주변의 빈터나 길가에서 하늘거리며 피어 있는 꽃이에요.

워싱턴야자(야자수)
높이 10~20m
잎이 둥근 부챗살 모양인 야자수로 조경수로 심어요.

갯개미취
높이 25~100cm
간척지에 자라는 풀로 연보라색의 꽃이 피어요.

갯강아지풀
높이 5~20cm
남부 지방과 서해안의 모래 해변이나 바닷가 바위틈에 자라요.

관련 교과 3-2 과학 〈2. 동물의 생활〉 / 5-2 과학 〈2. 생물과 환경〉

모래 해변에서 찾은 조개껍질

추운 겨울이 되면 파도에 밀려온 조개껍질이 바닷가에 가득 쌓여요.
파도가 들이치는 모래 해변 곳곳에 죽은 조개껍질이 줄지어 있네요.
바다에서 살다 죽은 조개가 파도에 밀려 쌓이고 쌓이면 조개 무덤이 되지요.
조개껍질은 오랫동안 파도에 깎이고 매끄러워져요.
발견한 조개껍질과 살아 있는 조개껍질의 색깔이 어떻게 다른지 확인해 보세요.
파도에 깎이고 뜨거운 햇볕에 색깔이 바뀌어 독특하게 변한 조개껍질도 찾아보세요.

떡조개
크기 85mm 내외 ~~70mm 내외~~
크기 70mm 내외
바다 밑 모랫바닥에 살아요.
흰색의 껍데기는 거의 둥글어요.

고급 요리에 많이 쓰였고, 껍데기로는 바둑돌이나 약품의 용기도 만들었어요.

백합
크기 85mm 내외
염분의 농도가 낮고 플랑크톤이 풍부한 곳에 살며 유기 물질을 걸러 먹어요.

'갈매기조개', '오리조개' 등 지역마다 다양하게 불러요.

표면에는 가늘고 둥근 성장선이 규칙적으로 섬세하게 있어요.

새조개
크기 90mm 내외
살이 주황색을 띠며 닭고기 맛과 비슷해서 초밥 재료와 구이로 인기가 좋아요.

가무락조개
크기 60mm 내외
모래 갯벌에서 플랑크톤이나 유기 물질을 걸러 먹어요.

개량조개
크기 86~90mm
모래 갯벌에 살며 껍데기는 둥근 삼각형이고 황갈색이에요.

동죽
크기 40mm 내외
껍데기는 볼록한 삼각형이며 모래 갯벌에 얕게 묻혀 있어 캐기 쉬워요.

32개 정도의 세로줄 주름이 있어요.

새꼬막
크기 75mm 내외
껍데기는 갈색이지만 햇볕을 오랫동안 받으면 흰색으로 변해요. 오밀조밀한 털이 있어요.

돼지가리맛
크기 80mm 내외
조간대의 고운 모래 갯벌에 살고 껍데기는 직사각형이에요.

살조개
크기 50mm 내외
주름이 있는 껍데기가 두꺼워 잘 부서지지 않아요.

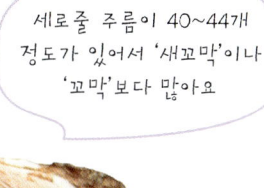

세로줄 주름이 40~44개 정도가 있어서 '새꼬막'이나 '꼬막'보다 많아요

피조개
크기 120~200mm
꼬막류 중에서 크기가 가장 커요.

모래 해변에서 발견한 연체동물 껍데기

드넓은 모래 해변에는 바다에 사는 해양 생물의 죽은 흔적을 볼 수 있어요.
특히 고둥, 우렁이, 가리비, 굴, 전복 등의 껍데기는 매우 쉽게 발견되어요.
바닷가에 사는 생물 중에서 연체동물 종류가 가장 많으니까요.
바닷가를 돌며 파도에 밀려 온 고둥, 우렁이, 가리비, 굴, 전복의 껍데기를 주워 보세요.
그리고 발견한 껍데기가 어떤 연체동물인지 도감에서 찾아보세요.
발견한 연체동물이 바닷가 어디에서 어떻게 사는지도 알아보세요.

피뿔고둥
크기 150mm 내외
단단하고 무거운 껍데기는
연한 살구색이나 주황색이며
7개의 나선 모양
층이 있어요.

밤색줄무늬계란고둥
크기 70mm 내외
표면에 적갈색 세로줄무늬가 있고
8개의 나선 모양 층이 있어요.

> 입구가 넓고
> 둘레가 밖으로 퍼져
> 있으며 꼭지 부위가
> 잘 떨어져요.

총알고둥
크기 10mm 내외
황갈색, 회갈색, 흑갈색으로
다양하며 깊게 파인
3개의 주름이 있어요.

비틀이고둥
크기 20mm 내외
뾰족한 원뿔 모양이며 갈색,
검은색 가로줄무늬가 있어요.

왕좁쌀무늬고둥
크기 10mm 내외
좁쌀 모양 무늬가 있고
6~8개의 나선 모양 층이 있어요.

큰구슬우렁이
크기 70mm 내외
배꼽 모양의 구멍이 깊고
크게 발달했어요.

> 껍데기는 두껍고
> 단단하며 자주색
> 또는 흑갈색을
> 띠어요.

대수리
크기 25mm 내외
입구 안쪽은 검보라색이며
검은색 세로줄무늬가 있어요.

> 높은 원뿔 모양의 껍데기는 4개의 나선 모양 층으로 이루어져 있어요.

> '부채조개', '주걱조개' 라고 불리며 회, 구이, 찜 등 다양하게 조리해서 먹어요.

갯우렁이
크기 30mm 내외
껍데기는 지저분한 흑갈색이며 입구는 밝은 황갈색이나 흰색을 띠어요.

가리비
크기 50~150mm
두 장의 껍데기가 부채 모양을 하고 있어요.

굴
크기 30~85mm
선사 시대 조개더미에 흔적이 있을 정도로 오래전부터 굴을 먹었어요.

전복
크기 100mm 내외
해조류를 먹고 살며 단추, 자개, 나전 등 공예품의 원료가 돼요.

바위굴
크기 200mm 내외
조간대 아래 암초 지대의 염도가 높은 바위에 달라붙어 살아요.

발로 기어가는 복족류 고둥

갯바위나 자갈, 해조류가 있는 곳에 사는 고둥은 연체동물 중에서 가장 종류가 많아요. 껍데기가 두 장인 조개와 달리 고둥 껍데기는 하나로 되어 있고, 편평한 근육성의 발로 점액질을 분비하여 기어 다니는 복족류의 연체동물이에요. 이름은 각각 다르지만 우렁이, 소라, 고둥, 삿갓조개 등의 복족류를 모두 고둥이라 불러요. 고둥은 위험을 느끼면 발을 수축시켜 껍데기 속에 숨고 딱딱한 덮개를 이용해 껍데기의 입구를 막아 위기를 이겨내요.

우렁이

소라(피뿔고둥)

고둥

관련 교과 2-2 겨울 〈2. 겨울 탐정대의 친구 찾기〉 / 3-1 과학 〈3. 동물의 한살이〉 / 3-2 과학 〈2. 동물의 생활〉 / 5-2 과학 〈2. 생물과 환경〉

바닷가에 사는 갈매기와 물새

찬 바람이 쌩쌩 부는 추운 겨울이 되어도 바닷새들은 전혀 문제가 없어요.
따뜻한 깃털로 덮여 있어 추위에 무척 강하거든요.
바닷가에 모인 갈매기가 무리 지어 하늘을 날아다니고 있네요.
추운 지방에서 따뜻한 곳을 찾아온 겨울 철새도 행복하게 겨울나기(월동)를 해요.
바닷물에 동동 떠서 헤엄치는 겨울 철새를 찾아보세요.
바닷가를 훨훨 날아다니며 사는 갈매기도 관찰해 보세요.

겨울에는 머리가 흰색이고, 부리는 붉은색을 띠어요.

붉은부리갈매기
크기 39~49cm
바닷가, 강 하구, 항구에서 무리 지어 겨울나기를 하는 겨울 철새예요.

쇠오리
크기 35.5~37.5cm
습지, 하천, 저수지 등에서 겨울나기하는 흔한 겨울철새예요.

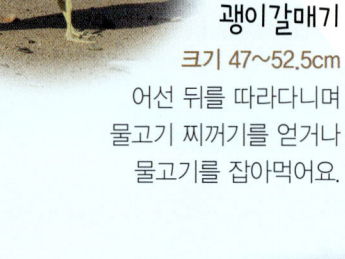

괭이갈매기
크기 47~52.5cm
어선 뒤를 따라다니며 물고기 찌꺼기를 얻거나 물고기를 잡아먹어요.

왜가리
크기 94~97cm
바닷가 습지, 강 하구, 저수지, 논, 하천 등에 살아요.

어류, 양서류, 파충류 등을 잡아먹고 살아요.

쇠백로
크기 58~61cm
바닷가 주변 농경지에서 볼 수 있어요.

괭이갈매기 무리
독도, 홍도, 칠산도, 난도, 신도, 석도 등 무인도에서 집단 번식해요.

'백조'라 불리는 새로, 천연기념물 201호예요.

뒷머리 깃털이 길게 뻗은 왕관 모양의 장식깃을 가졌어요.

큰고니
크기 140cm 내외
낙동강 하구, 천수만, 주남 저수지 등에 무리 지어 겨울나기를 해요.

뿔논병아리
크기 56cm 내외
갈대, 줄이 무성한 곳에 둥지를 틀고 잠수해서 물고기를 잡아먹어요.

흰뺨검둥오리
크기 52~62cm
강 하구, 하천, 논 등에서 수초, 수서곤충을 먹고 살아요.

수컷의 머리는 광택이 있는 어두운 녹색이지만 암컷은 전체적으로 갈색이에요.

민물가마우지
크기 80~94cm
바닷가, 호수, 강에서 잠수해서 먹이를 잡아먹어요.

청둥오리
크기 52~60cm
농경지, 습지에서 낟알을 먹고 사는 겨울 철새예요.

 살펴보아요!

백조는 천연기념물 고니

〈백조의 호수〉가 유명해지면서 고니는 원래 이름 대신 '백조'라 불렸어요. 백조는 기러기목 오리과 고니속에 속하는 고니, 큰고니, 혹고니를 부르는 이름이에요. 겨울이 되면 몸무게 20kg의 큰고니가 북유럽과 우리나라가 있는 동아시아까지 날아와 겨울나기를 하지요. 겨울나기를 마치면 아이슬란드와 시베리아로 날아가 번식해요. 한 번 부부가 되면 평생 함께 사는 고니는 환경 오염과 서식지 훼손으로 환경부 멸종위기 야생동물 Ⅱ급, 천연기념물 201호로 지정되었어요.

고니(큰고니) – 백조

관련 교과 | 3-1 과학 〈3. 동물의 한살이〉 / 3-2 과학 〈2. 동물의 생활〉 / 5-2 과학 〈2. 생물과 환경〉

바닷가를 날아다니는 산새

바닷가의 야산과 바닷가 마을의 농경지에는 다양한 산새가 살고 있어요.
마을 주변 참나무류가 많은 숲에는 딱따구리가 부리로 나무를 쪼는 소리가 들려요.
농경지나 간척지 주변의 풀숲에서는 까치와 까마귀를 흔하게 만날 수 있지요.
바닷가의 숲과 들판은 다양한 새들의 훌륭한 서식지예요.
바닷가 마을의 야산과 농경지에 사는 다양한 새를 찾아보세요.
지저귀는 새소리에 귀 기울여 보고 어떤 새인지도 맞추어 보세요.

쥐, 곤충, 곡류, 나무 열매를 먹고 살아요.

까치
크기 43~48cm
바닷가 주변 숲이나 간척지에서 날아다녀요.

나무를 이동하면서 곤충을 잡아먹고 사는 텃새예요.

청딱따구리
크기 30cm 내외
참나무류와 밤나무가 많은 숲이나 마을 주변 야산에 살아요.

곤충의 애벌레를 주로 먹지만 가을에는 식물의 열매를 먹기도 해요.

유리딱새
크기 14~15cm
우리나라를 통과하는 나그네새로 남부 지방에서 겨울나기를 하기도 해요.

오색딱따구리
크기 24cm 내외
바닷가 야산이나 깊은 산에서 곤충과 열매를 먹고 살아요.

딱새
크기 14~15.5cm
바닷가 마을 주변의 울타리나 공원에 사는 흔한 텃새예요.

개구리, 양서류, 파충류, 거미류, 곤충 등을 잡아먹고 살아요.

날알, 과일, 동물의 사체, 곤충, 조류의 알과 새끼 등을 먹고 살아요.

물까치
크기 37~39cm
바닷가 마을 주변의 큰 나무와 풀숲에서 날아다녀요.

큰부리까마귀
크기 56.5cm 내외
산, 농경지, 바닷가 등 다양한 환경에 살아요.

참새
크기 14~14.5cm
어촌의 농경지나 들판에서 무리를 이루며 떨어진 알곡을 먹고 살아요.

딱따구리가 만들어 놓은 구멍, 인공 새집, 건물의 틈 등에 둥지를 만들어요.

박새
크기 13.5~15cm
바닷가 주변 산지에서 곤충, 거미류, 식물 열매 등을 먹고 살아요.

쇠박새
크기 12.5cm 내외
산에 살다가 겨울이 되면 마을까지 내려와서 쉽게 볼 수 있어요.

'구구~구구~' 울음소리를 내며 소나무 가지에 둥지를 짓고 알을 낳아요.

멧비둘기
크기 31~34cm
겨울철에는 바닷가 주변 농경지에서 무리 지어 먹이를 찾아요.

105

신기한 바닷가 생물은

갯벌과 모래 해변, 갯바위와 조수 웅덩이,
간척지의 풀밭과 습지에 찾아가면 만날 수 있어요.
조개와 고둥, 게, 망둑어, 바닷새, 염생 식물은
바닷가에 사는 신비로운 바닷가 생물이에요.
바닷가 생물은 갯벌에 굴을 파거나
갯벌 위를 기어 다니며 먹이를 찾아요.
드넓은 바닷가에서 복닥거리며
살아가는 바닷가 생물을 찾아 떠나 볼까요?

간척지 습지나 바닷가에는 갈대밭이 펼쳐져요.

풍력 발전기가 바람의 힘을 이용해 전기를 만들어요.

부록

바닷가 생물을 잡아 보자!

관련 교과 3-1 과학 〈3. 동물의 한살이〉 / 3-2 과학 〈2. 동물의 생활〉 / 3-2 과학 〈3. 지표의 변화〉 / 5-2 과학 〈2. 생물과 환경〉

바닷가 생물의 종류와 특징 1 무척추동물

밀물과 썰물에 의해 바닷가는 하루에 두 번 바닷물이 들락날락합니다.
세찬 파도가 갯바위에 부딪치고 뜨거운 태양이 내리쬐는 바닷가에는
육지의 숲에서 볼 수 없었던 특별한 해양 무척추동물이 살고 있지요.
조간대의 바위와 자갈의 틈, 조수 웅덩이, 질퍽한 진흙으로 되어 있는 펄 갯벌,
고운 모래로 이루어진 모래 갯벌, 자갈로 이루어진 자갈 갯벌에서
놀라운 적응력을 발휘하며 살아가는 해양 무척추동물을 만나 보세요.

연체동물 몸에 뼈가 없고 물렁물렁한 피부로 이루어진 동물이에요.

바지락
두 장의 껍데기를 가진
조개류(이매패류)

총알고둥
단단하고 비틀어진
나선 모양 껍데기를 가진
고둥류(복족류)

좀털군부
조간대의 바위나 자갈에서
흔하게 발견되는
군부류(다판류)

오징어
발이 머리에 붙어 있는
두족류(오징어, 문어)

절지동물 갑각류 몸이 딱딱한 외골격으로 싸여 있고 몸과 다리에 마디가 있는 동물이에요.

흰발농게   딱총새우

고랑따개비

갯강구

몸이 키틴질의 단단한 껍데기로 둘러 싸여 있고
다리가 10개인 십각류(게, 새우)

조간대의 바위와 자갈,
말뚝이나 선박 밑에
붙어 사는 고착성 따개비류

바위틈이나 해조류
부근에서 기어 다니는
등각류(갯강구, 갯쥐며느리)

극피동물
대표 동물 : 불가사리, 성게, 해삼

몸이 방사 대칭 모양이며 석회질의 가시가 돋아 있는 피부를 갖고 있어요.

별불가사리

돌기해삼

완족동물
대표 동물 : 개맛, 조개사돈

촉수관(돌기)이 발과 비슷하게 생긴 동물로 조개처럼 두 장의 껍데기를 갖고 있어요.

개맛

세로줄조개사돈

자포동물
대표 동물 : 말미잘, 히드라, 해파리, 산호

침(자포)을 이용해서 먹이를 잡거나 자신을 방어하는 동물이에요.

풀색꽃해변말미잘

해파리

환형동물
대표 동물 : 갯지렁이

몸이 고리 모양처럼 둥글고 길게 생긴 동물로 갯벌에는 갯지렁이가 살아요.

두토막눈썹참갯지렁이

편형동물
대표 동물 : 납작벌레

몸이 납작하고 좌우 대칭인 동물로 바닷가의 바위와 자갈에 납작벌레가 살아요.

민무늬납작벌레

의충동물
대표 동물 : 개불

환형동물과 닮았지만 몸마디가 발달하지 않은 동물로 갯벌에는 개불이 살아요.

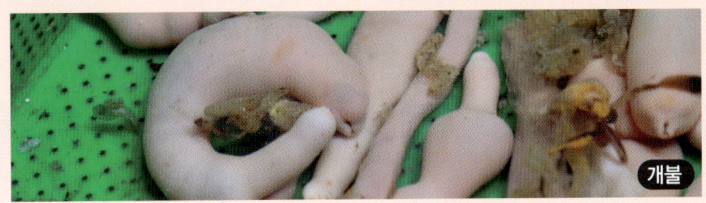
개불

관련 교과 3-1 과학 <3. 동물의 한살이> / 3-2 과학 <2. 동물의 생활> / 4-2 과학 <1. 식물의 생활>

바닷가 생물의 종류와 특징 2   척추동물과 염생 식물

드넓은 바닷가의 하늘은 자유롭게 날아다니는 바닷새의 천국이에요.
넓은 바닷속은 덩치가 큰 동물이 살기에도 매우 적합하지요.
산과 들에서 볼 수 없었던 신기한 바닷새와 동물을 찾아보세요.
염분의 농도가 높은 바닷가에는 다양한 염생 식물이 잘 자라요.
염생 식물이 특별한 바닷가 환경에 어떻게 적응하며 살고 있는지 관찰해 보세요.
무한한 생명력으로 바닷가에서 살아가는 동물과 염생 식물을 만나 보세요.

조류(바닷가)
갯벌이나 모래 해변을 걷거나 날아다녀요.

괭이갈매기

좀도요

조류(바닷물)
파도가 출렁대는 바다 위를 둥둥 떠다니며 먹이 사냥을 해요.

뿔논병아리

큰고니

어류
갯벌에서 폴짝 뛰거나 바닷속을 헤엄치는 물고기예요.

짱뚱어

상어

파충류
넓은 바닷속을 빠르게 헤엄치며 살아가는 변온동물이에요.

바다거북

포유류
바다에 사는 몸집이 큰 동물로 물고기처럼 지느러미가 잘 발달되어 있어요.

돌고래

물개

점박이물범

염생 식물(갯벌)

바닷물이 들락날락하는 갯가에 자라는 염생 식물이에요.

퉁퉁마디 / 해홍나물

염생 식물(해안 사구)

모래 해변이나 해안 사구에 자라는 염생 식물이에요.

갯메꽃 / 해당화

염생 식물(기수역)

바닷물과 민물(강)이 섞이는 기수역에 자라는 염생 식물이에요.

갈대 / 모새달

염생 식물(간척지)

간척지의 건조한 땅이나 풀밭에 자라는 염생 식물이에요.

사데풀 / 산조풀

염생 식물(남부 지방)

기후가 따뜻한 남부 지방에 사는 염생 식물이에요.

땅채송화 / 염주괴불주머니

해송

바닷가의 세찬 바람을 막기 위해 방풍림으로 심는 소나무예요.

해송(군락) / 해송

해조류

포자로 번식하는 식물로 녹조류(파래, 청각), 갈조류(미역, 다시마), 홍조류(김, 우뭇가사리)가 있어요.

잎파래 / 바위수염

갯벌의 생물 분포도

갯벌에 사는 생물들은 저마다 살기 좋은 곳을 선택해서 생활해요.
천적으로부터 살아남기 위해 갯벌 속에 굴을 파서 살기도 하고,
파도에 휩쓸리지 않으려고 바위에 단단히 붙어 살기도 해요.
갯벌 위를 빠르게 기어가거나 날면서 사냥하는 생물도 있지요.
갯벌에 사는 생물이 어떤 먹이를 먹고 어떻게 살아가는지 관찰해 보세요.
신기하게 생긴 굴속에는 어떤 갯벌 생물이 살고 있는지 자세히 살펴보세요.

바닷가 생물의 서식지

바닷가 생물은 진흙, 모래, 바위나 자갈로 이루어진 갯벌에 많이 살아요.
펄 갯벌은 질퍽하고, 모래 갯벌은 단단하며, 자갈 갯벌은 바위와 자갈이 많지요.
바닷물이 들락날락하는 조간대의 갯바위와 조수 웅덩이에도 다채로운 바닷가 생물이 살아요.
모래가 쌓여 있는 해안 사구나 간척지의 논과 풀밭도 바닷가 생물의 보금자리예요.
바닷가 곳곳을 탐사하면서 어떤 장소에 어떤 바닷가 생물이 살고 있는지 찾아보세요.
가장 좋아하는 서식지에서 바닷가 생물이 무엇을 하고 있는지 관찰해 보세요.

조간대
밀물과 썰물에 따라 바다가 되었다가 육지가 되는 것을 반복하는 곳이에요.

갯바위
바닷물이 드나드는 바닷가에 있는 바위로 파도가 부딪쳐요.

조수 웅덩이
움푹 파여서 간조 때 바닷물이 고여 있는 곳으로 조간대에서 볼 수 있어요.

자갈 갯벌
바위와 자갈로 이루어진 갯벌이에요.

펄 갯벌
갯벌의 90% 이상이 진흙으로 이루어진 질퍽한 갯벌이에요.

모래 갯벌
모래로 이루어진 갯벌로 바다와 가까운 해변과 강 하구에서 만들어져요.

해안 사구(모래 언덕)
해류나 파도에 의해 모래가 운반되어 쌓인 언덕이에요.

간척지 풀밭
바다나 호수 주변에 둑을 쌓고 그 안의 물을 빼내어 만든 땅을 말해요.

간척지 논
간척지의 땅에 벼를 심어서 기르는 곳이에요.

간척지 습지
간척지 주변에 물이 고여 웅덩이나 연못이 생긴 곳이에요.

방풍림(해송 숲)
강한 바닷바람을 막기 위해 가꾼 숲으로 피서객들은 방풍림에서 뜨거운 태양을 피해요.

살펴보아요!

갯벌이 만들어지는 조건 갯벌이 잘 발달된 곳은 공통점이 있어요.

편평하고 완만한 지형이어야 퇴적물이 잘 쌓여요.

파도가 세지 않고 해안선이 구불구불해야 좋아요.

밀물(만조) 때와 썰물(간조) 때의 높이 차이(조차)가 커야 좋아요.

주변에 큰 강이 있어서 퇴적물이 꾸준히 흘러들어 와야 해요.

관련 교과 3-2 과학 〈3. 지표의 변화〉 / 5-2 과학 〈2. 생물과 환경〉 / 5-2 과학 〈3. 날씨와 우리 생활〉 / 6-2 과학 〈2. 계절의 변화〉

우리나라 바다와 갯벌의 가치

삼면이 바다로 둘러싸여 있는 우리나라를 '한반도'라고 불러요.
우리나라에는 11,542km의 기다란 해안선을 따라 넓은 갯벌이 펼쳐져 있지요.
미국 동부 조지아 해안, 남아메리카 아마존 하구, 북해 연안, 캐나다 동부 연안과 함께 세계 5대 갯벌에 포함될 정도로 수많은 해양 생물이 서식하는 소중한 곳이에요.
그러나 무분별한 간척 사업과 해양 오염으로 갯벌이 점점 사라지고 있어서 걱정이에요.
소중한 가치가 있는 갯벌이 더 이상 훼손되지 않도록 보전하는 노력이 필요하답니다.

● **우리나라의 바다**

서해 바다
우리나라 서쪽에 있는 바다로 우리나라 갯벌의 80%를 차지해요.

동해 바다
우리나라 동쪽에 있는 바다로 수심이 갑자기 깊어져요.

제주도 바다
우리나라 남쪽에 위치한 최대 섬으로 수산 자원이 매우 풍부해요.

남해 바다
우리나라의 남쪽에 있는 바다로 진도부터 해운대구까지의 바다를 말해요.

● 갯벌의 가치

갯벌은 놀라운 가치를 지니고 있어요. 옛날에는 쓸모없는 땅이라 여겼지만 지금은 다양한 가치를 알게 되어 갯벌을 소중히 여기고 보전하려고 애쓰고 있어요.

1. 해양 생물의 생태적 서식지

갯벌은 게와 조개, 물고기와 철새의 중요한 보금자리예요. 습지 보전을 위한 국제협약(람사르 협약)을 맺어 연안 습지에 사는 동식물을 보호하고 있어요.

2. 오염 물질 정화

갯벌은 육지에서 배출되는 오염 물질을 깨끗하게 걸러 주는 역할을 해요. 염생 식물과 저서 규조류, 미생물과 갯지렁이는 바다로 흘러드는 오염 물질을 깨끗하게 바꿔 주어요.

3. 경제적 가치

갯벌은 어민들의 삶의 터전이에요. 어민들은 농경지나 바다보다 생산성이 높은 갯벌에서 수산물 채취를 통해 경제 활동을 하며 살아요.

4. 자연재해 방지와 기후 조절

갯벌은 물을 머금고 있다가 천천히 바다로 흘려보내요. 동시에 많은 물을 저장할 수 있기 때문에 홍수를 막아 줘요. 온도와 습도도 조절해 주기 때문에 기후 조절 능력도 있어요.

5. 문화적, 교육적 기능

갯벌은 낚시, 해수욕, 휴가, 관광 등을 즐기는 레저 공간이에요. 그리고 해양 생태계와 해양 생물을 관찰하는 좋은 자연 체험 학습 장소가 돼요.

6. 심미적 기능

갯벌에는 탁 트인 바다, 끝없이 펼쳐진 수평선, 붉은 노을 등 천혜의 자연환경이 펼쳐져 있어요. 아름다운 자연환경을 보고 있으면 마음이 정화되고 스트레스도 해소돼요.

관련 교과 3-2 과학 〈3. 지표의 변화〉 / 5-2 과학 〈2. 생물과 환경〉 / 5-2 과학 〈3. 날씨와 우리 생활〉 / 6-2 과학 〈2. 계절의 변화〉

바닷가의 다채로운 이색 풍경

시원한 바람이 부는 바닷가에는 육지에서 볼 수 없는 이색 풍경을 볼 수 있어요.
바람으로 전기를 만드는 풍력 발전기와 생산된 전력을 이동시키는 송전탑이 높이 서 있지요.
어선이 출항하는 항구와 등대도 있고, 수산물을 채취하는 모습도 볼 수 있어요.
드넓은 갯벌에서는 갯벌 체험을 하고, 넓은 바닷가에서는 해수욕을 즐기기도 해요.
바다낚시를 하거나 해양 레포츠를 통해 푸른 바다를 즐기는 모습도 볼 수 있지요.
바닷가를 산책하며 바다에서만 볼 수 있는 다양한 볼거리를 찾아보세요.

풍력 발전
바람의 힘을 이용해서 발전기를 돌려 전기를 만들어요.

송전탑
발전소에서 만든 전기를 공장이나 가정으로 옮기기 위해 만들어요.
고압 전류 때문에 사람에게 매우 위험하고, 자연 경관도 해쳐요.

등대
배와 항공기의 안전을 위해 해안, 섬에 육지가 있다는 것을 알려 줘요.

항구
배가 안전하게 드나들며 짐과 사람을 내리고 머무르는 곳이에요.

방조제
해안에 밀려드는 바닷물을 막아서 농경지를 보호하려고 만든 둑이에요.

부표
배의 안전한 운항을 돕기 위해 닻이나 추를 이용해서 바다에 띄운 구조물이에요.

바다낚시를 하며 만나는 해양 생물이 신기해!

수산물 채취
'건간망'을 이용해서 물고기를 잡거나 갯벌의 조개를 채취해요.

갯벌 체험
갯벌에 사는 조개와 고둥, 게, 망둑어 등을 잡는 체험을 해요.

바다낚시
바닷가 부두나 항구에서 바다에 배를 띄워 바다낚시를 해요.

해수욕장
넓은 모래 해변에서 시원한 해수욕을 해요.

해양 레포츠
보트나 서핑 등의 해양 레포츠를 즐겨요.

횟집
바다에서 생산되는 수산물을 파는 곳이에요.

염전
바닷물을 이용해서 소금을 만들어요.

살펴보아요!

소금을 만드는 염전 바닷물에서 물을 증발시켜 소금을 얻는 곳이 염전이에요. 특히 태양열을 이용해 생산한 소금을 '천일염'이라 부르지요. 바람이 잘 부는 맑은 날씨에 바닷물을 끌어 들여 물을 증발시키면 소금을 만들 수 있답니다.

저수지 - 바닷물을 끌어 들여 저장하는 곳

증발지 - 얕은 저수지에 저장한 바닷물에서 수분을 증발시키는 곳

결정지 - 수분을 완전히 증발시켜서 소금 결정체가 생기는 곳

소금창고(염창) - 결정지에 핀 소금꽃을 모아 보관하는 곳

수산 시장에서 만난 해양 생물

수산물 직판장과 수산 시장

바다에서 잡은 신선한 수산물은 수산 시장이나 수산물 직판장에 모여요.
수산 시장에 모여든 사람들은 저마다 좋아하는 수산물을 고르느라 분주해요.
바다와 갯벌에서 잡힌 수산물은 맛도 좋고, 건강에도 좋아 인기가 좋아요.
어부들이 갓 잡아 올린 다양한 해양 생물을 꼼꼼히 살펴보세요.
바닷가를 탐사하면서 만나지 못했던 해양 생물이 있을 수 있으니까요.
풍성한 수산물을 보고 있으면 바다와 갯벌의 경제적 가치를 이해할 수 있답니다.

조개
서해안과 남해안에서 생산된 조개는
'조개 구이'와 '조개탕'을 끓여 먹어요.

키조개
삼각형의 커다란 키조개는
매우 먹음직스러워요.

주꾸미
피뿔고둥 속에 몸을 숨겼다 붙잡힌
주꾸미는 '주꾸미 볶음'이 유명해요.

갑오징어
오징어 중에서 가장 맛이
좋은 오징어예요.

오징어
동해안에서 많이 잡히는 오징어는
해류 변화로 숫자가 많이 줄었어요.

전복
몸에 좋은 해산물로 '전복탕'과
'전복죽'을 끓여 먹어요.

꽃게
살이 꽉 찬 꽃게로는 '꽃게탕'과 '게장'을 만들어 먹어요.

대게
다리 모양이 대나무 마디와 닮은 대게는 '게찜', '게탕', '게구이'로 인기가 좋아요.

홍게
붉은색 홍게는 대게와 함께 동해안에서 많이 잡히고 맛도 좋아요.

멍게
쌉쌀하고 달콤한 맛이 나며 횟집에서 회를 먹을 때 밑반찬으로 많이 나와요.

해삼
'바다의 삼'이라 불릴 정도로 건강식품이며 오돌오돌한 식감이 인상적이에요.

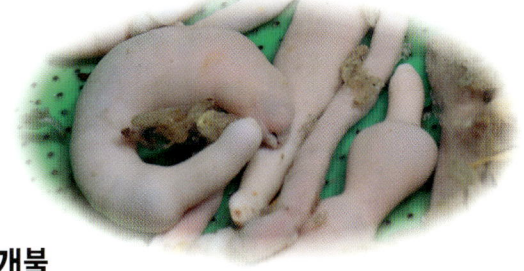

개불
쫄깃쫄깃하고 고소한 맛이 나는 몸에 좋은 건강식품이에요.

광어
고단백, 저지방 식품으로 회로 즐겨 먹는 바닷물고기예요.

수산물이 맛도 좋고 건강에도 좋아!

관련 교과 3-2 과학 〈3. 지표의 변화〉 / 5-2 과학 〈2. 생물과 환경〉 / 6-2 과학 〈2. 계절의 변화〉

바닷가 생물을 위태롭게 만드는 해양 쓰레기

바닷가에는 여행객이 버린 쓰레기와 육지에서 떠내려온 쓰레기가 넘쳐나요.
플라스틱과 스티로폼, 유리병과 캔이 분해되려면 수십 년에서 수백 년까지 걸리지요.
무엇보다 쓰레기는 해양 생물을 위협하고 있어요. 먹이로 착각해서 쓰레기를 삼키거든요.
잘게 쪼개진 미세플라스틱은 해양 생물과 인간의 건강까지도 위협하고 있답니다.
그래서 미세플라스틱이 없는 바다를 만들기 위해 모두가 노력해야 해요.
해양 쓰레기가 없는 바다는 해양 생물과 인간이 모두 행복해지는 길이니까요.

> 커다란 플라스틱이 분해되면 환경 문제를 일으키는 미세플라스틱이 돼요.

플라스틱
갯벌과 바닷가에는 다양한 크기와 모양의 플라스틱 용기가 버려져 있어요.

> 미세플라스틱을 먹은 어패류를 섭취한 사람도 건강에 피해를 입어요.

페트병
바닷가에는 사람들이 마시고 버린 다양한 생수병이 굴러 다녀요.

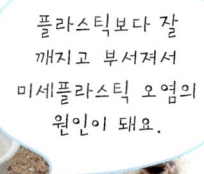

> 플라스틱보다 잘 깨지고 부서져서 미세플라스틱 오염의 원인이 돼요.

스티로폼
양식장에서 쓰거나 어구로 쓰는 스티로폼과 스티로폼 용기가 버려져 있어요.

유리병
소주병이나 유리병이 뒹굴고, 깨진 유리 조각이 갯벌에 박혀 있어요.

> 버려진 폐전지와 폐형광등은 인체에 해로운 중금속 오염을 일으켜요.

형광등
건전지와 형광등 같은 폐기물이 버려져 있어요.

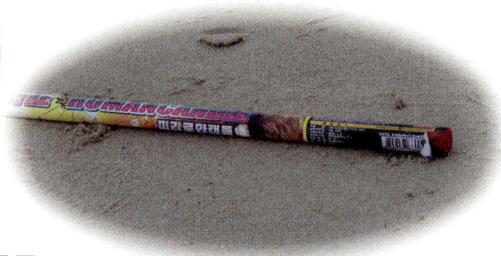

폭죽
바닷가에서 사용한 폭죽 쓰레기가 버려져 있어요.

신발
고무장화, 운동화, 슬리퍼 등 다양한 신발이 버려져 있어요.

장갑
갯벌 체험을 할 때 사용하던 고무장갑과 목장갑 쓰레기도 많아요.

모자
바닷가에 놀러올 때 사용하던 각종 모자도 버리고 갔어요.

> 녹슨 캔과 철 등의 폐기물이 썩어서 나온 더러운 물이 바다를 오염시켜요.

캔
찌그러진 음료수, 커피, 맥주 캔이 나뒹굴고 있어요.

타이어
자동차 타이어가 갯벌과 바닷속에 버려져 있어요.

> 고래나 바닷물고기가 버려진 그물을 삼켜서 죽는 경우가 많아요.

어구(그물)
고기잡이배에서 사용하고 버린 그물이 방치되어 있어요.

조개 구이 흔적
불을 피워서 조개 구이를 하고 버린 흔적도 있어요.

> 모든 게 환경 오염 주범이야!

찾아보기

ㄱ

가리맛조개 51
가리비 85, 101
가무락조개 12, 98
가재붙이 44
가지 77
가지나방 63
갈게 42, 81
갈고둥 16, 54, 87
갈대 75, 96
갈대밭기수우렁 53
갈문망둑 20, 89
갈색고랑조개 31, 84
갈색띠매물고둥 57
갈색새알조개 14, 31, 47, 85
갈잎거품벌레 67
감국 95
갑오징어 32, 59
강변거저리 66
개량조개 85, 99
개맛 32, 60
개미귀신 62, 94
개양귀비 76
개울타리고둥 17, 54
개조개 48
갯가재 33
갯강구 11, 44
갯강아지풀 97
갯개미취 97
갯고둥 16, 53, 56, 86
갯그령 27
갯까치수영 28
갯메꽃 27, 29, 75, 95
갯무 27, 29
갯쇠보리 95
갯씀바귀 27
갯완두 27
갯우렁이 18, 53, 56, 101
갯주걱벌레 45
갯쥐며느리 83
갯질경 26, 73, 96

검은머리물떼새 24
검은줄좁쌀무늬고둥 52
검은털손참집게 83
검정띠실꾸리고둥 32
검정망둑 89
고둥 15
고랑따개비 11, 45, 82
고추 77
고추잠자리 35, 64
괭이갈매기 25, 70, 102
구멍갈파래 21
굴 15, 30, 50, 84, 101
금강아지풀 76
금파리 91
긴날개여치 91
긴무늬왕잠자리 64
긴발가락참집게 10
긴발줄새우 83
긴점무당벌레 66
긴호랑거미 65
길게 43
까치 104
꼬마길앞잡이 22, 62, 68
꼬마꽃등에 92
꼬마물떼새 24, 71
꼬마부들 75
꼬마줄물방개 68
꼬막 14, 30, 47
꽃게 33, 40
꽃게거미 65
꽃등에 93
꿩 71

ㄴ

나문재 26, 72
나비노린재 37
나비잠자리 64
낙지 59
납작게 41
납작배무래기 19, 55
납작손참집게 83
네발나비 34
노란허리잠자리 64
노랑나비 34, 63
노랑무늬의병벌레 37
노랑배수중다리꽃등에 37

노랑쐐기나방 69
녹색박각시 69
녹색콩풍뎅이 66
농게 43, 80
눈알고둥 54

ㄷ

다닥냉이 76
다시마 21
달랑게 40
담황줄말미잘 60, 89
대륙게거미 65
대모잠자리 35
대수리 17, 86, 100
댕가리 16, 53, 56
도둑게 43
도약옆새우 11
돌가시나무 28
돌기해삼 61
동백나무 29
동죽 13, 30, 46, 99
동해이랑조개 84
돼지가리맛 99
두눈박이쌍살벌 63
두드럭털탑고둥 57
두줄망둑 89
두토막눈썹참갯지렁이 20, 61, 88
두툼빛조개 51
둥근배무래기 19, 55
등얼룩풍뎅이 69
등줄먼지벌레 22
등줄빨간긴노린재 67
딱새 104
딱총새우 44
땅딸보메뚜기 90
땅채송화 28
떡조개 12, 48, 85, 98
띠 74

ㅁ

말뚝망둥어 89
말백합 46, 49
말전복 19
맛조개 51
망초 76

멍게 61, 88
멧비둘기 70, 105
모래거저리 23, 62
모래거저리붙이 94
모새달 74
무녀길앞잡이 22, 66
무늬발게 81
문어 59
물까치 105
미끈망둑 20
미역 21
민꽃게 40
민들조개 13, 49
민무늬납작벌레 20, 60
민물가마우지 25, 103
민물두줄망둑 89
민조개삿갓 45
민집게벌레 62, 94
민챙이 58
밀잠자리 35
밀잠자리붙이 64

ㅂ

바닷가거저리 94
바위굴 50, 101
바위수염 21
바지락 12, 30, 46, 48, 84
박새 105
발톱메뚜기 90
밤게 33, 42
밤색줄무늬계란고둥 32, 100
방게 42, 81
방석나물 73
배무래기 18
배짧은꽃등에 63
배추흰나비 34
배치레잠자리 35
백합 98
버들하늘소 68
벌꼬리박각시 93
벼 77, 97
별노린재 22
별늑대거미 65
별대모벌 62
별불가사리 20, 60, 88
별쌍살벌 93

보리무륵 87
보말고둥 17, 58
복털조개 14
북방전복 18, 58
분지성게 32
붉은발사각게 41, 80
붉은부리갈매기 102
붉은줄접시조개 13, 31
비단고둥 52
비율빈침노린재 67
비틀이고둥 16, 56, 100
뾰족탑구슬우렁이 53
뿔논병아리 103
뿔두드럭고둥 17
뿔들파리 37

ㅅ

사각게 11, 41, 80
사데풀 75, 96
사마귀 91
산바퀴 23
산왕거미 65
산조풀 75
살조개 49, 99
상투벌레 91
새꼬막 30, 47, 49, 99
새왕귀뚜라미 90
새조개 13, 98
서울병대벌레 36
서해비단고둥 17, 52
선인장 28
섬서구메뚜기 90
섬초롱꽃 76
세로줄조개사돈 60
세스랑게 82
소나무무당벌레 66
소쿠리조개 13
솔버짐나방 69
쇠박새 71, 105
쇠백로 25, 102
쇠오리 102
수수 77
순비기나무 95
쉬파리 62
시베르스하늘소붙이 36
십구점무당벌레 36

쌕쌔기 69

ㅇ

아기바지락 12, 48
아시아실잠자리 35
알락꼬리마도요 24
암먹부전나비 34
애기부들 75
애여치 69
양봉꿀벌 37
양털허리노린재 67
어리민반날개긴노린재 36, 91
어리호박벌 37
어리흰무늬긴노린재 22
어리흰줄애꽃벌 37
억새 74
열석점긴다리무당벌레 36, 68
엷은먼지벌레 23
염주괴불주머니 28
엽낭게 10, 40
오색딱따구리 104
왕담배나방 93
왕대 97
왕자팔랑나비 93
왕잔디 27
왕잠자리 65
왕좁쌀무늬고둥 17, 52, 86, 100
왜가리 25, 102
운계방패멸구 91
워싱턴야자 97
유리딱새 104
입비뚤이주름고둥 58

ㅈ

자게 33
작은멋쟁이나비 92
작은모래거저리 23
작은주홍부전나비 93
잿빛물방개 68
전복 101
점갯고둥 16
접시꽃 76
제비 71
제비나비 92
조무래기따개비 11, 45, 82

좀도요 70
좀보리사초 74
좀털군부 19, 55
좁쌀무늬총알고둥 55
주꾸미 59
줄새우아재비 44
줄점팔랑나비 63, 92
중대백로 25
지중해담치 15, 31, 50
지채 96
직박구리 71
진방물벌레 69
짜부락고둥 55
짧은가시거미불가사리 61, 88
짱뚱어 88

ㅊ

참새 105
참옆새우 44
청둥오리 103
청딱따구리 104
청띠제비나비 63
청분홍메뚜기 90
총알고둥 16, 54, 87, 100
칠면초 72, 96

ㅋ

카나리아야자 29
코스모스 97
큰가리비 50
큰고니 103
큰구슬우렁이 18, 56, 86, 100
큰노랑테가시잎벌레 36
큰무늬길앞잡이 23, 94
큰부리까마귀 105
큰비쑥 73
큰입술갈고둥 58, 87
큰주홍부전나비 35
큰흰무늬노린재 67
키조개 14, 31, 51

ㅌ

털군부 19
털콩게 82
토마토 77

톱날꽃게 33
톱다리개미허리노린재 91
톱사슴벌레 68
퇴조개 12, 47, 85
퉁퉁마디 26, 72

ㅍ

파래 21
팽이고둥 58
펄콩게 82
포도나무 77
풀게 10, 41, 81
풀무치 94
풀색꽃해변말미잘 60
피뿔고둥 18, 32, 57, 87, 100
피조개 14, 47, 49, 99

ㅎ

할미조개 46
항라사마귀 91
해당화 26, 74, 95
해송 29, 73
해홍나물 26, 72, 96
호랑나비 92
홍합 84
황띠배벌 93
황해피뿔고둥 57
흑다리긴노린재 67
흑비단고둥 52
흔한가리비 15
흰눈썹깡충거미 65
흰등줄조개 48
흰띠길쭉바구미 66
흰무늬배말 18, 55
흰발농게 42, 80
흰뺨검둥오리 103

• 바닷가 생물 관찰 일지 •

관찰 날짜:　　　　관찰 시간:　　　　날씨:

관찰자:　　　　　관찰 대상:　　　　관찰 장소:

관찰한 내용:

느낀 점과 알게 된 사실:

초등 교과 과정 연계 정보

봄

집게다리를 가진 게와 다양한 갑각류 3-2 과학 〈2. 동물의 생활〉 / 5-2 과학 〈2. 생물과 환경〉
갯벌에 굴을 파서 숨바꼭질하는 조개 3-2 과학 〈2. 동물의 생활〉 / 5-2 과학 〈2. 생물과 환경〉
갯벌에 사는 다양한 모양과 색깔의 조개 3-2 과학 〈2. 동물의 생활〉 / 5-2 과학 〈2. 생물과 환경〉
갯바위에서 만난 뱅글뱅글 꽈배기 고둥 3-2 과학 〈2. 동물의 생활〉 / 5-2 과학 〈2. 생물과 환경〉 / 5-2 과학 〈3. 날씨와 우리 생활〉
조간대의 빙글빙글 고둥과 느림보 군부 3-2 과학 〈2. 동물의 생활〉 / 5-2 과학 〈2. 생물과 환경〉 / 6-2 과학 〈2. 계절의 변화〉
갯벌의 해양 생물과 돌에 붙어 사는 해조류 3-2 과학 〈2. 동물의 생활〉 / 5-2 과학 〈2. 생물과 환경〉
간척지와 바닷가를 발발 기어가는 곤충 3-2 과학 〈2. 동물의 생활〉 / 3-2 과학 〈3. 지표의 변화〉 / 5-2 과학 〈2. 생물과 환경〉
바닷가 생물을 먹고 사는 바닷새 3-1 과학 〈3. 동물의 한살이〉 / 3-2 과학 〈2. 동물의 생활〉 / 5-2 과학 〈2. 생물과 환경〉
갯벌과 모래 해변에 자라는 염생 식물 4-2 과학 〈1. 식물의 생활〉 / 5-2 과학 〈2. 생물과 환경〉 / 6-1 과학 〈4. 식물의 구조와 기능〉
남부 지방 바닷가에 자라는 염생 식물 4-2 과학 〈1. 식물의 생활〉 / 5-2 과학 〈2. 생물과 환경〉 / 6-1 과학 〈4. 식물의 구조와 기능〉
모래 해변에서 발견한 조개껍질 3-2 과학 〈2. 동물의 생활〉 / 5-2 과학 〈2. 생물과 환경〉
바닷가에서 발견한 다양한 해양 생물 껍데기 3-2 과학 〈2. 동물의 생활〉 / 5-2 과학 〈2. 생물과 환경〉
간척지를 훨훨 나는 나비와 쌩쌩 잠자리 3-2 과학 〈2. 동물의 생활〉 / 5-2 과학 〈2. 생물과 환경〉
간척지 풀밭에 사는 다채로운 곤충 3-2 과학 〈2. 동물의 생활〉 / 5-2 과학 〈2. 생물과 환경〉

여름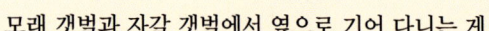

모래 갯벌과 자갈 갯벌에서 옆으로 기어 다니는 게
  2-1 여름 〈2. 초록이의 여름 여행〉 / 3-2 과학 〈2. 동물의 생활〉 / 5-2 과학 〈2. 생물과 환경〉
질퍽한 펄 갯벌의 굴파기 선수 게 3-2 과학 〈2. 동물의 생활〉 / 5-2 과학 〈2. 생물과 환경〉
갯벌과 조간대 갯바위에 사는 다양한 갑각류 3-2 과학 〈2. 동물의 생활〉 / 5-2 과학 〈2. 생물과 환경〉
펄 갯벌을 파고드는 각양각색의 조개 3-2 과학 〈2. 동물의 생활〉 / 5-2 과학 〈2. 생물과 환경〉
모래 갯벌에 파묻혀 사는 조개 2-1 여름 〈2. 초록이의 여름 여행〉 / 3-2 과학 〈2. 동물의 생활〉 / 5-2 과학 〈2. 생물과 환경〉
갯바위에 붙어 사는 굴과 갯벌에 사는 조개 3-2 과학 〈2. 동물의 생활〉 / 5-2 과학 〈2. 생물과 환경〉
갯벌에 사는 동글동글 고둥과 우렁이 3-2 과학 〈2. 동물의 생활〉 / 5-2 과학 〈2. 생물과 환경〉
조간대 바위와 자갈에 붙어 사는 고둥과 배무래기 3-2 과학 〈2. 동물의 생활〉 / 5-2 과학 〈2. 생물과 환경〉 / 6-2 과학 〈2. 계절의 변화〉
모래 갯벌을 기어 다니는 우렁이와 고둥 2-1 여름 〈2. 초록이의 여름 여행〉 / 3-2 과학 〈2. 동물의 생활〉 / 5-2 과학 〈2. 생물과 환경〉
빙글빙글 고둥과 머리에 발 달린 두족류 3-2 과학 〈2. 동물의 생활〉 / 5-2 과학 〈2. 생물과 환경〉
바닷가 곳곳에 사는 다양한 해양 무척추동물
  2-1 여름 〈2. 초록이의 여름 여행〉 / 3-2 과학 〈2. 동물의 생활〉 / 3-2 과학 〈3. 지표의 변화〉 / 5-2 과학 〈2. 생물과 환경〉
모래 해변을 날아다니는 바닷가 곤충 2-1 여름 〈2. 초록이의 여름 여행〉 / 3-2 과학 〈2. 동물의 생활〉 / 5-2 과학 〈2. 생물과 환경〉
간척지 습지의 비행사 잠자리와 거미줄 치는 거미 3-2 과학 〈2. 동물의 생활〉 / 5-2 과학 〈2. 생물과 환경〉
간척지 풀밭에 사는 딱정벌레와 노린재 3-1 과학 〈3. 동물의 한살이〉 / 3-2 과학 〈2. 동물의 생활〉 / 5-2 과학 〈2. 생물과 환경〉

바닷가 여름밤의 야행성 곤충　3-1 과학 〈3. 동물의 한살이〉 / 3-2 과학 〈2. 동물의 생활〉 / 5-2 과학 〈2. 생물과 환경〉

바닷가에 사는 바닷새와 산새　2-1 여름 〈2. 초록이의 여름 여행〉 / 3-2 과학 〈2. 동물의 생활〉 / 5-2 과학 〈2. 생물과 환경〉

갯벌에 무리 지어 자라는 염생 식물　4-2 과학 〈1. 식물의 생활〉 / 3-2 과학 〈3. 지표의 변화〉 / 5-2 과학 〈2. 생물과 환경〉

모래 갯벌과 간척지에 자라는 염생 식물　4-2 과학 〈1. 식물의 생활〉 / 3-2 과학 〈3. 지표의 변화〉 / 5-2 과학 〈2. 생물과 환경〉

바닷가 마을에 자라는 식물
　4-2 과학 〈1. 식물의 생활〉 / 3-2 과학 〈3. 지표의 변화〉 / 5-2 과학 〈2. 생물과 환경〉 / 6-1 과학 〈4. 식물의 구조와 기능〉

가을·겨울

튼튼한 집게다리를 자랑하는 게　3-2 과학 〈2. 동물의 생활〉 / 5-2 과학 〈2. 생물과 환경〉

갯벌에 사는 딱딱한 껍데기의 갑각류　3-2 과학 〈2. 동물의 생활〉 / 3-2 과학 〈3. 지표의 변화〉 / 5-2 과학 〈2. 생물과 환경〉

껍데기 두 장과 도끼 모양의 발을 가진 조개　3-2 과학 〈2. 동물의 생활〉 / 5-2 과학 〈2. 생물과 환경〉

조간대의 바위와 갯벌에 사는 고둥
　3-2 과학 〈2. 동물의 생활〉 / 3-2 과학 〈3. 지표의 변화〉 / 5-2 과학 〈2. 생물과 환경〉 / 5-2 과학 〈3. 날씨와 우리 생활〉 / 6-2 과학 〈2. 계절의 변화〉

갯벌의 무척추동물과 폴짝 뛰는 망둑어　2-2 겨울 〈2. 겨울 탐정대의 친구 찾기〉 / 3-2 과학 〈2. 동물의 생활〉 / 5-2 과학 〈2. 생물과 환경〉

간척지 풀밭에 사는 가을 곤충　1-2 가을 〈2. 현규의 추석〉 / 3-2 과학 〈2. 동물의 생활〉 / 5-2 과학 〈2. 생물과 환경〉

바닷가에 핀 꽃에 날아오는 곤충　3-2 과학 〈2. 동물의 생활〉 / 5-2 과학 〈2. 생물과 환경〉

모래 해변에 사는 곤충과 염생 식물　4-2 과학 〈1. 식물의 생활〉 / 5-2 과학 〈2. 생물과 환경〉 / 6-1 과학 〈4. 식물의 구조와 기능〉

바닷가의 염생 식물과 바닷가 마을의 식물　4-2 과학 〈1. 식물의 생활〉 / 5-2 과학 〈2. 생물과 환경〉 / 6-1 과학 〈4. 식물의 구조와 기능〉

모래 해변에서 찾은 조개껍질　3-2 과학 〈2. 동물의 생활〉 / 5-2 과학 〈2. 생물과 환경〉

모래 해변에서 발견한 연체동물 껍데기　3-2 과학 〈2. 동물의 생활〉 / 5-2 과학 〈2. 생물과 환경〉

바닷가에 사는 갈매기와 물새
　2-2 겨울 〈2. 겨울 탐정대의 친구 찾기〉 / 3-1 과학 〈3. 동물의 한살이〉 / 3-2 과학 〈2. 동물의 생활〉 / 5-2 과학 〈2. 생물과 환경〉

바닷가를 날아다니는 산새　3-1 과학 〈3. 동물의 한살이〉 / 3-2 과학 〈2. 동물의 생활〉 / 5-2 과학 〈2. 생물과 환경〉

부록

바닷가 생물의 종류와 특징 1 · 무척추동물
　3-1 과학 〈3. 동물의 한살이〉 / 3-2 과학 〈2. 동물의 생활〉 / 3-2 과학 〈3. 지표의 변화〉 / 5-2 과학 〈2. 생물과 환경〉

바닷가 생물의 종류와 특징 2 · 척추동물과 염생 식물　3-1 과학 〈3. 동물의 한살이〉 / 3-2 과학 〈2. 동물의 생활〉 / 4-2 과학 〈1. 식물의 생활〉

갯벌의 생물 분포도　3-2 과학 〈2. 동물의 생활〉 / 3-2 과학 〈3. 지표의 변화〉 / 5-2 과학 〈2. 생물과 환경〉

바닷가 생물의 서식지
　3-2 과학 〈2. 동물의 생활〉 / 3-2 과학 〈3. 지표의 변화〉 / 5-2 과학 〈2. 생물과 환경〉 / 5-2 과학 〈3. 날씨와 우리 생활〉 / 6-2 과학 〈2. 계절의 변화〉

우리나라 바다와 갯벌의 가치
　3-2 과학 〈3. 지표의 변화〉 / 5-2 과학 〈2. 생물과 환경〉 / 5-2 과학 〈3. 날씨와 우리 생활〉 / 6-2 과학 〈2. 계절의 변화〉

바닷가의 다채로운 이색 풍경
　3-2 과학 〈3. 지표의 변화〉 / 5-2 과학 〈2. 생물과 환경〉 / 5-2 과학 〈3. 날씨와 우리 생활〉 / 6-2 과학 〈2. 계절의 변화〉

수산 시장에서 만난 해양 생물 · 수산물 직판장과 수산 시장　3-2 과학 〈2. 동물의 생활〉 / 3-2 과학 〈3. 지표의 변화〉

바닷가 생물을 위태롭게 만드는 해양 쓰레기　3-2 과학 〈2. 동물의 생활〉 / 5-2 과학 〈2. 생물과 환경〉 / 6-2 과학 〈2. 계절의 변화〉